Lorenz Schwarz

Ich war nicht immer Alphornbläser

Ein Original der Volksmusik erzählt seine turbulente Geschichte

Brunnen Verlag · Basel und Gießen

ABCteam-Bücher erscheinen in folgenden Verlagen:
Aussaat Verlag Neukirchen-Vluyn
R. Brockhaus Verlag Wuppertal
Brunnen Verlag Basel und Gießen
Christliches Verlagshaus Stuttgart
Oncken Verlag Wuppertal und Kassel

Die deutsche Bibliothek – CIP-Einheitsaufnahme:
Schwarz, Lorenz:
Ich war nicht immer Alphornbläser: ein Original der Volksmusik erzählt seine turbulente Geschichte / Lorenz Schwarz. –
Basel : Brunnen-Verl., 2001
ISBN 3-7655-1697-X

Die Bibelstellen stammen aus der Revidierten Luther-Übersetzung (1984) sowie aus «Hoffnung für alle».

Text und Redaktion: Urs-Heinz Naegeli, Schiers
Umschlag: Michael Basler, Lörrach
Cover-Foto: Foto Flury, Pontresina
Fotos Innenteil: Lorenz Schwarz, Wattwil
Satz: Bertschi & Messmer AG, Basel
Druck: Clausen & Bosse, Leck
Printed in Germany

ISBN 3-7655-1697-X

Inhalt

1
Die verlorene Ziege

Es war ein warmer, angenehmer Sommermorgen, als ich mit meinen rund hundert Geißen (wie wir bei uns die Ziegen nennen) den Weg bergwärts unter die Füße nahm. Doch zuerst musste ich die vier Walserdörfer[1] durchqueren, in denen die Bauern mit den einzelnen Tieren auf mich warteten. Diese Arbeit verrichtete ich äußerst zielstrebig, denn die Ziegen interessierten sich sehr für die Blumen an den niedrigen Fenstersimsen und in den Gärten. Deshalb war in jedem Fall äußerste Eile angesagt.

Normalerweise rannte die Ziegenherde zügig durch die Dörfer. Ging es dann aber einmal schief, so warteten bestimmt schon einige Frauen mit dem Besen vor der Türe, um dem Hunger der Ziegen nach Fenstersims-Grünfutter den Garaus zu machen und etwas Tempo in die Sache zu bringen. Und bewegte ich mich als Hirte einmal zu langsam, dann konnte es geschehen, dass mir die Frauen schimpfend folgten, mich vielleicht sogar mit dem Besen erwischten und mir eine entsprechend schmerzhafte Lektion erteilten. Doch als bereits zehnjähriger Junge konnte ich ja schon einiges ertragen.

Allen schimpfenden Bauersfrauen zum Trotz erlebte ich in meiner Zeit als Geißenhirt auch viel Schönes. Auf moderne Menschen, deren Leben von einem überfüllten Terminkalender und vielen Annehmlichkeiten geprägt ist, muss meine Jugend wohl wie ein Traum, wie ein Relikt aus längst vergangenen Zeiten wirken.

Ich wuchs zwar sehr einfach und bescheiden auf, denn meine Eltern, die acht Geschwister und ich konnten uns wirklich nicht viel leisten. Ein Leben mit Luxusgütern war für uns völlig undenkbar. Wir besaßen weder eine Waschmaschine noch einen Geschirrspüler, weder einen Elektroherd noch Wegwerfwindeln. Doch obwohl wir in sehr schlichten Verhältnissen aufwuchsen, darf ich heute rückblickend festhalten, dass sich dadurch ganz bestimmt ein Durchhaltewillen in mir entwickelte, von dem ich heute noch profitieren kann.

Erwähnenswert ist in diesem Zusammenhang sicher auch, dass es in unserem Haus kein Telefon gab. Die einzige Möglichkeit, jemanden anrufen zu können, bestand – soweit ich mich entsinnen kann – darin, den Weg zur Post unter die Füße zu nehmen. Bei uns gab es auch kein fließendes Wasser. Wir mussten uns das kühle Nass aus dem etwa zweihundert Meter entfernten Dorfbrunnen holen. Auch die wohlige Wärme, in die man sich an kalten Wintertagen so gerne zurückzieht, hielt sich bei uns in Grenzen.

Die alten Walserhäuser waren damals kaum oder meistens gar nicht isoliert. Der Kachelofen, unsere einzige

Heizung, befand sich in der Wohnstube. In allen anderen Räumen war es dementsprechend kühl. Oft war es dermaßen kalt, dass wir am Morgen den Inhalt des Nachttopfs zu Eis erstarrt vorfanden. Derartig kalte Winternächte und unsere spärliche Nachtbekleidung – den Luxus von Schlafanzügen konnten wir uns natürlich ebenfalls nicht leisten! – verunmöglichten es uns, die Toilette außerhalb unseres Hauses zu benützen.

Das Leben in den Bündner Bergen war oft rau und hart. Da gab es längst nicht nur «dunkle Tannen und grüne Wiesen im Sonnenschein»[2]. Ich musste bei jedem Wetter, auch dann, wenn der Himmel mit Regenwolken verhangen war, meine Arbeit erledigen. Jeden Tag von neuem. Ich trug praktisch immer dieselben Gummistiefel, denselben Lodenmantel und meinen Hirtenhut. Stiegen die Temperaturen an, so trieb es mir den Schweiß aus allen Poren. An regnerischen Tagen jedoch konnte nichts, wirklich gar nichts das Wasser davon abhalten, mich bis auf die Haut einzuweichen.

Meine Hirtenzeit füllte jeweils fünf volle Monate im Jahr aus. Da wir in einem Bergdorf wohnten, in dem die meisten Einwohner als Bauern lebten, wurde die Schule um der meist kurzen Sommerzeit willen für jeweils fünf Monate geschlossen. Während ich nun auf dem Berg die Ziegen hütete, halfen die Kinder der Bauern ihren Eltern, das eher spärliche Gras auf den einzelnen Bergweiden abzumähen und in die dafür vorgesehenen Scheunen zu bringen. Und da für diese Arbeit in den höheren Regionen oft nur wenig Zeit blieb, benötigte man dafür natürlich jede zur Verfügung stehende Arbeitskraft. Die Grundschulbildung, die ich auf meinen Lebensweg mitbekam, beschränkte sich deshalb auf ein absolutes Minimum. Doch damals, in meinen jungen Hirtenjahren, kümmerte mich das wenig.

Ich zählte gerade zehn Jahre, als ich an einem meiner Hirtentage ein besonderes Erlebnis hatte. Alles lief zwar zum Besten, doch als ich am Abend die einzelnen Ziegen ihren jeweiligen Besitzern wieder zuführte, da schrie plötzlich einer: «Lorenz, mir fehlt eine Geiß!»

Ich überschaute meine Herde und sah, dass das gesuchte Tier tatsächlich fehlte. Für einen Außenstehenden mögen die Ziegen alle gleich aussehen. Ein Hirte jedoch kennt jede und weiß genau, zu wem sie gehört.

Ich meinerseits wusste, was nun zu tun war. Schnurstracks lieferte ich die restlichen Geißen bei den anderen Bauern ab, meldete mich zu Hause bei meinen Eltern und erklärte ihnen den Vorfall. «Du gehst sofort, ohne Znacht[3], wieder los und suchst das vermisste Tier!» rief mein Vater in einem strengen Ton, der keinerlei Widerspruch duldete.

Ich beeilte mich, möglichst bald das vermisste Tier zu finden. Im Halbdunkel suchte ich alle Plätze ab, an denen meine Geißen und ich den Tag verbracht hatten. Doch die Ziege schien wie vom Erdboden verschwunden zu sein. Ich rief nach ihr in der Hoffnung, dass sie die Stimme ihres Hirten hören und erkennen würde; doch sie meldete sich nicht. Die Nacht brach herein, und ich musste meine Suche wohl oder übel erfolglos abbrechen.

So trat ich unverrichteter Dinge den Heimweg nach Affeier an, dem kleinen Walserdorf, in dem wir wohnten. Natürlich hatten meine Eltern alles andere als Freude daran, mich ohne die vermisste Geiß zurückkommen zu sehen. «Du gehst heute ohne Nachtessen ins Bett und wirst morgen um vier Uhr in der Frühe geweckt werden, um die Ziege erneut zu suchen», befahl mein Vater. – Völlig erschöpft und hungrig fiel ich auf mein Bett und schlief ein.

Der Morgen kam schneller als sonst. In aller Frühe machte ich mich auf, um meine Ziege zu suchen. Ich rief immer wieder nach ihr. Doch auch diese zweite Suchaktion verlief erfolglos. Enttäuscht kehrte ich gegen sieben Uhr wieder ins Tal zurück, um dort die Herde einzusammeln und auf die Alp zu bringen.

Kaum hatte ich die Weide erreicht, verließ ich die Ziegenherde und suchte verzweifelt weiter nach dem vermissten Tier. Ich rief nach ihm, hörte jedoch keine Gegenreaktion. Plötzlich kam mir ein entscheidender Gedanke. Ich erinnerte mich daran, dass sich meine Herde am Vortag in einem großen Dickicht von Sträuchern aufgehalten hatte. Könnte sich die vermisste Geiß vielleicht dort irgendwo befinden?

Zielstrebig machte ich mich in die betreffende Richtung auf und rief einmal mehr nach ihr: «Giiz-giiz-giiz!» Diesen und ähnliche Lockrufe wiederholte ich immer wieder. Dann plötzlich, es war bereits gegen Mittag, hörte ich ein verzweifeltes, schwaches und klägliches Meckern. Ich arbeitete mich durch das Dickicht der Sträucher hindurch und stieß wenige Augenblicke später auf meine Geiß, die sich mit einem Vorderlauf in einer Astgabelung verfangen hatte. Niemals hätte sich diese Ziege mit eigener Kraft aus dieser verhängnisvollen Lage befreien können.

Als wir uns plötzlich gegenseitig erblickten, war ich vor lauter Freude dem Weinen nahe. Die völlig erschöpfte Ziege reagierte jedoch kaum mehr bei meinem Erscheinen. Schnell entschlossen versuchte ich, sie aus dieser Astgabel herauszuheben. Doch das gelang mir rein kräftemäßig nicht, da eine ausgewachsene Geiß rund dreißig Kilogramm wiegt und ich mit meinen zehn Jahren ein eher schmächtiger Junge war.

So entschied ich mich, auf den Ast zu klettern und ihn mit meinem Körpergewicht zu brechen. Nach einigen Versuchen konnte ich das Tier endlich befreien. Total entkräftet sank die Geiß zu Boden. Nach einer Erholungsphase setzte ich alles daran, die verletzte Ziege zu Fuß auf dem schnellsten Weg ins Tal zu bringen, wo ihr Besitzer sie dankbar entgegennahm.

In Form dieser Geschichte erlebte ich – vielleicht zum ersten Mal in meinem Leben – Evangelium pur. Als ich Jahre später in meiner Bibel dann die Geschichte vom guten Hirten las, der dem einzelnen verlorenen Schaf nachgeht, bis er es findet, erkannte ich den tiefen Sinn hinter meinem damaligen Erlebnis. In meinem Leben als Christ bin ich immer wieder in Situationen geführt worden, in denen mir diese Geschichte neu wichtig wurde. In seinem Gleichnis vom verlorenen Schaf lehrt uns Jesus, wie er als guter Hirte auch den Einzelnen liebt, sucht und zurückbringt.

Im vorliegenden Buch möchte ich darüber berichten, wie ich Jesus im Alltag persönlich erleben darf. Gleichzeitig möchte ich meine Leser ermutigen, auf ihre Art ebenfalls solche und ähnliche Erfahrungen mit ihm zu suchen und zu machen.

2
Der Ungeduldige

Ich war schon immer flink. In Anlehnung an diese Tatsache meinte meine Mutter eines Tages zu mir: «Lorenz, du warst schon bei der Geburt ein ganz Schneller!»

Gerne denke ich an die Schilderung meiner Mutter zurück, als sie mir erzählte, wie ich zur Welt kam: «Es war der 6. Februar 1953, als ich morgens um sieben zu deinem Vater sagte: ‹Düu Papa, gang go d'Hebamm riapfa. I glauba, as gait loos!› (‹Du, Vater, geh und ruf die Hebamme. Ich vermute, dass es mit der Geburt gleich losgeht.›) Daraufhin verließ er sofort das Haus und ging auf dem Weg zu seiner Arbeit noch rasch bei der Hebamme vorbei. Diese wohnte ja nur eine Minute von unserem Haus entfernt. Als der Vater ihr ein baldiges Erscheinen ans Herz legte, meinte sie jedoch nur: ‹Ich gehe dann schon noch vorbei. Es wird ja wohl kaum so eilig sein.› Doch als sie nur eine halbe Stunde später bei uns eintraf, da hatte ich dich schon geboren.»

Die Geburt war offensichtlich sehr zügig vorangegangen. Aber auch die äußeren Umstände sprachen nicht für eine Entbindung im Krankenhaus. Denn in unserem kleinen, auf 1'200 Metern über dem Meeresspiegel gelegenen Walserdorf hatte damals kaum jemand ein Auto. In der ganzen politischen Gemeinde Obersaxen[4], zu der unser Dorf Affeier zählt, gab es außerdem keinen einzigen Mediziner. Nur in äußersten Notfällen kam ein Arzt aus Ilanz, der ersten Stadt am Rhein, bei uns vorbei. Doch um selbst in das nächstgelegene Krankenhaus zu kommen, hätten wir mit unserem Pferdefuhrwerk zuerst eine etwa acht Kilometer lange Strecke zurücklegen müssen.

Nicht zuletzt war es aber auch die Frage des Geldes, die meine Mutter dazu bewog, die Kinder zu Hause zur Welt zu bringen. Denn die finanziellen Mittel, die man als Wöchnerin für einen Klinikaufenthalt hätte bezahlen müssen, besaßen wir nicht. Somit wurden alle meine acht Geschwister und ich zu Hause im Elternschlafzimmer geboren. Wir stellten in der Gemeinde Obersaxen damit aber keine Ausnahme dar.

Das Leben in einem Bergdorf war damals kein einfaches. Besonders für eine große Familie bedeutete es einen harten Überlebenskampf. Dies bekam ganz besonders auch mein Vater zu spüren. Er konnte seinen Beruf als Küfer[5] eines Tages nur noch teilzeitlich ausüben, da die Aufträge zurückgingen und die bis dahin üblichen Holzgeschirre zunehmend durch moderne Kunststoffbehälter ersetzt wurden. Diese sind leichter, dauerhafter, kostengünstiger und müssen auch nicht – wie die kunstvoll hergerichteten Holzgefäße – jedes Jahr repariert werden. Woher aber sollte unsere Familie nun das restliche Geld zum Leben nehmen?

3
Die unbarmherzige Spirale

Der Tag kam, an dem mein Vater in unserer Kantonshauptstadt Chur[6] eine vollzeitliche Tätigkeit in einer Zimmerei aufnehmen musste. Die Sache mit der Küferei erledigte sich damit von selbst. Aber Chur lag für uns nicht unbedingt am Weg. Deshalb konnte mein Vater während der Woche abends nicht mehr nach Hause kommen.

Das gemeinsame Zusammensein als Familie beschränkte sich von nun an auf die Zeit von Freitagabend bis hin zum späten Sonntagnachmittag. Doch auch während dieser Stunden sahen wir Vater nur ganz selten. Im Normalfall bekamen wir ein kurzes «Grüezi mitenand» («Grüß euch miteinander») zu hören. Danach verschwand er in seiner Küferwerkstatt, um dort den Kanonenofen zu heizen und vereinzelte Aufträge auszuführen, die während seiner Abwesenheit eingegangen waren. Auch der Samstag verging vorwiegend damit, die angefallenen Küferei-Aufträge wahrzunehmen sowie Arbeiten im und um den Hof zu erledigen. Das Leben meines Vaters war voller Arbeit – von früh bis spät!

Gemeinsame freizeitliche Aktivitäten kannten wir keine. Für uns war auch die Freizeit ein Luxusartikel, den wir uns beim besten Willen nicht leisten konnten. Freizeit war also etwas völlig Unerreichbares! So sahen wir Kinder unseren Vater meistens nur beim gemeinsamen Arbeiten.

Als Katholiken besuchten wir jeweils am Sonntagvormittag traditionsgemäß die Messe. Wir bezeichneten uns nicht als überaus religiös, doch der Kirchgang war in unserem Dorf einfach Brauch – und wir bildeten diesbezüglich keine Ausnahme.

Anschließend an den Gottesdienst bereitete unsere Mutter das Mittagessen vor. Obwohl wir einfache Mahlzeiten gewohnt waren, mundete uns das Sonntagsmahl immer am besten. Unsere Mutter hatte die große Begabung, aus Wenigem etwas Wunderbares herrichten zu können.

Die Zeit mit unserem Vater empfanden wir Kinder wie immer als viel zu kurz. Selbst der Sonntagnachmittag musste «geopfert» werden, da Vater in diesen Stunden noch verschiedene Amtshandlungen tätigte. So wirkte er beispielsweise in der Schulbehörde, im Gemeinderat, als Zuchtbuchführer, aber auch in der Musikgesellschaft, im örtlichen Gesangverein sowie an anderen Orten mit. Und schon gegen 17 Uhr musste er dann mit dem letzten Postauto unser Dorf verlassen, um wieder eine ganze Woche lang in Chur seiner Arbeit nachzugehen.

Dieses ständige Hin und Her führte längerfristig zu einer großen Überforderung für meinen Vater. Es ist deshalb nur verständlich, dass wir Kinder hie und da seine Überreaktionen zu spüren bekamen.

Sehr stark gefordert fühlte sich auch meine Mutter. Denn auf ihr lastete weitgehend die ganze Verantwortung der Erziehung. Bei neun Kindern innerhalb von sieben Jahren (davon zweimal Zwillinge!) und einem Mann, der nur wenige Stunden zu Hause verbrachte, wurde es einfach zu viel für sie.

Bei uns im Dorf galt meine Mutter zwar als eine Art «Rossnatur», und ihr ging der Ruf voraus, eine äußerst starke Persönlichkeit zu sein. Sie wurde aufgrund ihres frohen Gemüts von allen geschätzt und geliebt. Oft sang sie bei ihrer Arbeit einfach vor sich hin. Sie besaß auch ein äußerst freigiebiges Herz. Dies zeigte sich vor allem dann, wenn Zigeuner oder Krämersleute bei uns auftauchten. Irgendetwas Kleines zu essen, etwa eine warme Suppe, gab es bei Mutter immer. Sie hätte selbst das letzte Hemd verschenkt. Ihr vorbildlicher Charakter und ihr ganzes Wesen prägten uns Kinder nachhaltig.

Doch jeder Mensch hat bekanntlich seine Grenzen. So auch unsere Mutter. Die Lasten auf ihren Schultern wurden mit der Zeit dermaßen schwer, dass sie schließlich versuchte, ihre Nöte im Alkohol zu ertränken. Doch leider konnten all ihre Sorgen schwimmen. Sie tauchten immer wieder an der Oberfläche auf.

Nun ist der Alkohol grundsätzlich eine eher teure

Angelegenheit, und somit kam der Tag, an dem unsere Mutter heimlich ihren ersten Kredit aufnehmen musste. Es folgten weitere Kleinkredite mit hohen Verzinsungen. Die Spirale der finanziellen Verschuldung begann sich unaufhaltsam zu drehen, und die Verzweiflung in der Seele meiner Mutter nahm von Tag zu Tag zu. Mein Vater wusste von all diesen Krediten überhaupt nichts, sondern wurde eines Tages von den zuständigen Ämtern vor vollendete Tatsachen gestellt. Seine Reaktion fiel dementsprechend heftig aus.

Nicht selten hatten wir Kinder Angst vor Begegnungen mit unseren eigenen Eltern, da wir nie wussten, was uns beim nächsten Zusammentreffen erwartete. In uns herrschte oft eine große Unsicherheit in Bezug auf die jeweilige momentane Stimmung. Wenn dann auch noch Alkohol im Spiel war, so konnte es durchaus geschehen, dass keine Mahlzeit auf dem Tisch stand und somit wir Kinder – vor allem meine um vier Jahre ältere Schwester – irgendetwas kochen mussten. Und wenn die Alltagssorgen den Vater nervlich belasteten, so konnte er von unserer Seite her nicht mehr das Geringste ertragen, da er sonst gleich in Jähzorn ausbrach und wir die Folgen am eigenen Leib zu spüren bekamen.

Ich schreibe dies alles nicht etwa deshalb, weil ich meinen Vater oder meine Mutter schlecht darstellen möchte. Dafür respektiere ich sie heute als bekennender

Christ viel zu sehr. Es geht einzig und allein um das bessere Verständnis für das, was in meinem Leben später noch an Gutem folgen sollte. Wer das Gute begreifen will, der muss oftmals zuerst die unangenehmen Seiten verstehen. Die großen Dinge, die Gott tut, wird nur der erkennen, dem die Hintergründe bekannt sind. Deshalb müssen in einer ehrlichen Biographie, schon um der Aufrichtigkeit und der Wahrheit willen, auch die unangenehmen Seiten des Lebens gestreift werden.

4
Auszug von zu Hause: Die erste Liebe

Die Jahre zogen durchs Land, meine Kindheit nahm ein Ende und ich war inzwischen achtzehn Jahre alt geworden. Nach dem Abschluss meiner obligatorischen neunjährigen Schulzeit war ich an verschiedenen Orten als Hilfsarbeiter beschäftigt, unter anderem bei Baufirmen, bei den Schweizerischen Bundesbahnen, bei Wintersportanlagen und als Jungviehhirte.

Das Geld, das ich dabei verdiente, gab ich auf Heller und Pfennig zu Hause ab. Und genau dasselbe taten auch meine Geschwister. Wollte ich ein wenig Taschengeld haben, so musste ich dieses mit viel Mühe bei meinem Vater einfordern. Und meistens meinte er dann: «Wie bitte? Du brauchst schon wieder Geld? Ja, hast du denn das Fünffrankenstück, das ich dir erst kürzlich gab, schon wieder ausgegeben?!» Das nervte mich je länger je mehr, und ich begann mein Geld auf andere Art und Weise zusammenzutragen.

Ich sang oft in Wirtshäusern Volkslieder und konnte auf diese Weise dann meine Vergnügungen selbst finanzieren. Meistens meldete ich mich erst einmal mit einem kräftigen «Hallo!» im jeweiligen Gasthaus bei meinen

Trinkkumpanen. Und von dem Augenblick an, in dem ich mein erstes kühles Bier bestellte, dauerte es meistens nicht mehr lange, bis es dann hieß:

«He, Lorenz, jodlisch üs emol eis?!» – «He, Lorenz, singst du für uns mal ein Jodellied?!»

Meine Kumpane schätzten meine gesanglichen Talente sehr und ließen sich gerne von mir in Stimmung bringen. Als Belohnung «kassierte» ich jeweils einige Flaschen Bier. Wenn meine Trink-Freunde gute Laune hatten und in den von Rauch geschwängerten Bergkneipen die feucht-fröhliche Ausgelassenheit keine Grenzen mehr kannte, so konnten es durchaus auch mal bis zu zehn Flaschen pro Abend sein, die mir auf diese Weise angeboten wurden.

Wenn ich dann am Morgen erwachte, um mich zur Arbeit zu begeben, fand ich mich oftmals in irgendeinem Stall zwischen den Kühen wieder. In der Regel hatte ich in solchen Augenblicken keine Ahnung mehr von dem, was am Vorabend überhaupt abgelaufen war. Der klassische Blackout eben.

Mit achtzehn zog ich aus meinem Elternhaus aus, um in Zürich eine Lehrstelle als Elektro-Installateur anzutreten. Für meinen Auszug gab es zwei Gründe: Erstens hatte ich genug von den heftigen, oftmals handgreiflichen Auseinandersetzungen mit meinem Vater. Wir schafften es ganz offensichtlich nicht, bestehende Konflikte auch nur ein einziges Mal auf eine gute, normale Art und Weise gemeinsam zu lösen. Rückblickend muss ich jedoch feststellen, dass meine «Flucht» von zu Hause nichts anderes darstellte als das Davonlaufen vor einer unbewältigten Vergangenheit.

Der zweite Grund für meinen Auszug lag darin, dass ich meine große Jugendliebe kennen gelernt hatte. Ich hatte mich mit ihr an einem Abend in einem heimeligen Dorfrestaurant angefreundet. Sie war ein hübsches junges Mädchen mit mittellangem braunem Haar. Es dauerte nicht lange, bis ich sie zum Tanz aufforderte, und schon bald funkte es zwischen uns. Der Liebesbrand begann sich so stark auszudehnen, dass schon fast die Feuerwehr antreten musste. Im Ernst, ich hatte mich wirklich zum ersten Mal über beide Ohren verliebt.

In der Folge tauschten das Mädchen und ich unsere Adressen aus, was wiederum dazu führte, dass meine Angehimmelte regelmäßig das Sportgebiet Obersaxen und somit auch mich aufsuchte. Sehr bald entwickelte sich eine tiefe, echte und ehrliche Freundschaft. Gut für mich, denn ich suchte ja so sehr nach Geborgenheit! Und dieses Mädchen besaß nun genau das, was ich bisher so vermisst hatte. Ja, sie hatte es tatsächlich geschafft, diejenigen Gefühle zu wecken und zu vermitteln, nach denen ich so lange gedürstet hatte.

Dieses Mädchen erwirkte bei ihren Eltern auch problemlos einen positiven Eindruck von dem einfachen Bergler, so dass diese für mich in Zürich eine Lehrstelle suchten. Darüber hinaus ermöglichten sie es mir, bei ihnen ein Zimmer zu beziehen, so dass ich bei einem minimalen Finanzaufwand ein maximales Zuhause und damit mehr als nur ein Dach über dem Kopf fand.

Dass ich einfach so in diese Familie aufgenommen wurde, war für mich ein großes Geschenk. Ich bekam eine Unterkunft, gutes Essen, Nestwärme, gebügelte Wäsche und jederzeit auch ein frisch bezogenes Bett. Ich wurde so richtig verwöhnt! Selbst einen unvergesslichen Urlaub auf einer romantischen Insel durfte ich kostenlos mit ihnen verbringen.

Ebenfalls sehr motiviert wurde ich von meinem Lehrmeister, der noch vor Beginn meiner Lehrzeit zu mir sagte:

«Herr Schwarz, aus willigen jungen Menschen, die arbeiten wollen, ist immer etwas herauszuholen.» – Offenbar dachte er, dass man so einen Naturburschen wie mich gut einsetzen konnte.

Einen weiteren Ansporn erhielt ich von meinem Klassenlehrer in der Gewerbeschule. Am zweiten Schultag meinte er diskret und in geradezu fürsorglichem Ton:

«Sagen Sie, Herr Schwarz, wäre es möglich, dass Sie im Anschluss an den heutigen Unterricht kurz zurückbleiben könnten? Ich würde gerne noch etwas mit Ihnen besprechen.»

In mir machten sich bereits die schlimmsten Vorahnungen breit, und eine innere Angst schnürte mir beinahe die Kehle zu. Während der folgenden Schulstunde gingen mir die verschiedensten Gedanken durch den Kopf, und ein schreckliches Unbehagen erfasste mich.

Dann kam der entscheidende Augenblick, als mein Lehrer und ich unter vier Augen miteinander sprachen:

«Ich spüre, dass Sie sehr willig sind, diese Berufslehre zu absolvieren. Aber ich habe festgestellt, dass Sie es mit Ihren bisherigen schulischen Voraussetzungen nur unter schwersten Umständen schaffen werden, Ihr Berufsziel zu erreichen», meinte der erfahrene Lehrer.

Also sollte mein Vater doch Recht behalten: «Das schaffst du nie! Aus dir wird nie etwas Schlaues werden. Das Einzige, was du kannst, ist Ziegen hüten.»

Blitzschnell holten sie mich wieder ein, diese entmutigenden, demoralisierenden Gedanken. Und da stand auch die fast unüberwindbare, tiefe seelische Verletzung erneut vor meinen Augen, die mich schon einige Zeit begleitete. Ich empfand in diesem Moment heftigen Schmerz und großen Zorn gegenüber meinem Vater, aber auch gegenüber meinem eigenen Unvermögen und meiner eigenen Hilflosigkeit. Es schien alles verloren zu sein. Vergebliche Liebesmüh'! Offensichtlich war ich wirklich eine Niete, eine Null, und somit vollständig fehl am Platz.

Doch noch während ich in Selbstmitleid zu versinken drohte, vernahm ich erneut die wohlwollende Stimme meines Lehrers:

«Herr Schwarz, ich sehe allerdings eine Möglichkeit für Sie, und zwar mit Nachhilfe-Unterricht. Was denken Sie, könnten Sie bezüglich der Finanzierung eventuell an Ihre Eltern gelangen?»

«Nein! Das ist völlig unmöglich», sagte ich. «Mein Vater ist inzwischen ziemlich krank und bezieht sowieso nur eine bescheidene Rente.»

Mein Lehrer erkannte die Ausweglosigkeit meiner Situation sofort und meinte schließlich in gutmütigem und geradezu liebevollem Ton:

«Ich mache Ihnen folgenden Vorschlag: Sie bezahlen mir einen symbolischen Betrag von fünf Franken pro Semester. Darin enthalten sind sämtliche Nachhilfestunden und alles benötigte Schulmaterial. Ich bin fest entschlossen, mit Ihnen zu arbeiten. Gemeinsam werden wir das Ziel erreichen.»

In mir jubelte das Herz! Mit so viel Ermutigung und einem derart großen Entgegenkommen hatte ich wirklich nicht gerechnet. Umso mehr war für mich jetzt klar: Ich würde das Beste geben und mich voll einsetzen, damit das gesteckte Ziel auch wirklich erreicht werden konnte. Und dank dem großen Vertrauen und dem Engagement meiner Förderer wurde es für mich dann tatsächlich möglich, nach vier Jahren meine Berufsausbildung mit dem Diplom abzuschließen.

5
Der große Zerbruch

In der Zeit nach meiner Abschlussprüfung war die Situation auf dem Arbeitsmarkt bei uns in der Schweiz nicht besonders Mut machend. Die Ölkrise erschütterte die Siebzigerjahre, und es gab auch für Elektro-Installateure nur wenig Hoffnung, eine gute Arbeitsstelle zu bekommen. Von meinen Kollegen, die gleichzeitig mit mir ihre Ausbildung abgeschlossen hatten, fanden nur etwa fünfzehn Prozent auf Anhieb einen Job. Der Rest blieb stellenlos.

Doch das war längst nicht das einzige Problem, welches sich mir wuchtig in den Weg stellte. Viel schlimmer als die Arbeitslosigkeit war für mich die Tatsache, dass sich ein zusätzlicher Bewerber in mein Verlobungsverhältnis einzuschalten drohte. Meine Freundin und ich waren nämlich seit rund vier Jahren verlobt und hegten ernsthafte Absichten, uns bald zu vermählen. Das Tragische daran war, dass dieser Mann tatsächlich Erfolg verzeichnen konnte. Offensichtlich sprach meine Verlobte auf seine Reife (er war um einiges älter als ich) und auf seine ruhige und gelassene Ausstrahlung sehr stark an. Zudem war er in vielen Bereichen das pure Gegenteil von mir.

Ich kann es meiner Freundin in keiner Weise verübeln, dass sie sich für ihren neuen Liebhaber entschied. Denn ich war wirklich ein Problemfall. Aufgrund meiner damaligen Wesensart hätte eine weitere Beziehung mit mir wohl für beide Seiten dramatisch geendet. Denn wenn mir einmal etwas gerade nicht passte, konnte ich sehr, sehr jähzornig reagieren. Und meine temperamentvollen Ausbrüche bekam dann auch meine Verlobte zu spüren. So flogen je nachdem schon mal Gegenstände durch die Luft, oder ich schlug die Türen derart stark zu, dass die eingelegten Glasscheiben anschließend in Form von tausend kleinen Glassplittern auf dem Boden verstreut dalagen. Offensichtlich holte mich die Vergangenheit meiner Vorfahren wieder ein. Man sagte über mich sowieso immer: «Der ist ‹ganz de Bappe›[7], ganz der Vater!»

Meine scheinbar unkontrollierbaren Ausbrüche lebte ich oftmals in der Tat völlig unbeherrscht aus. Es blieb diesbezüglich immer alles beim Alten, und es schien wirklich nichts Neues mehr unter der Sonne zu geben! Jedenfalls nicht im Hause Schwarz ...

So erstaunte es in keiner Weise, dass meine damalige Liebste für den anderen – offensichtlich angenehmeren – Mann Gefühle entwickelte. Zum überflüssigen Dritten degradiert, musste ich schließlich das Feld räumen und aus dem Zuhause, das mir über längere Zeit zur Heimat geworden war, ausziehen.

Es folgte eine Zeit der Trauer und der Tränen. Ich wäre

am liebsten auf der Stelle gestorben. Es tat einfach alles nur noch weh.

Doch ich wollte noch nicht aufgeben. Immer wieder rief ich meine Ex-Verlobte an und drohte ihr aus lauter Verzweiflung: «Ich bringe mich auf der Stelle um, wenn du deine neue Beziehung nicht aufgibst! Hörst du, ich bringe mich um! Versteh doch endlich, dass ich nicht mehr ohne dich leben kann.» – Daraufhin folgte dann als ernsthafte Bekräftigung und Untermalung noch ein entsprechender Zornes-Ausbruch. Doch mit dieser Art weckte ich in ihr natürlich keine Liebe, sondern bloß falsche Schuldgefühle.

Irgendwie taten ihr meine Situation und mein damit verbundener Liebesschmerz ja durchaus Leid. Sie gab meinem ständigen Drängen auch tatsächlich immer wieder nach und startete erneute Versuche mit mir. Doch allem guten Willen zum Trotz wollte es mit uns einfach nicht mehr klappen. Mit Mitleid allein ist eben noch keine zerbrochene Beziehung wieder neu gefestigt worden.

Erneut kam die negative Spirale der inneren Vorwürfe in mir zum Tragen und zog mich tief hinunter: «Du bist nichts wert! Dich kann man für gar nichts gebrauchen! Du bist ein völliger Versager!»

Es schien kein Ausweg mehr in Sicht zu sein. Das Ganze bedrückte mich zu sehr. Schlaflosigkeit, Sinnlosigkeits- und Selbstmord-Gedanken verfolgten mich Tag und

Nacht. Selbst die besten Speisen rührten meinen Appetit nicht mehr an. So verlor ich innerhalb kürzester Zeit etwa zehn Kilogramm an Körpergewicht.

Am schlimmsten war die ganze Situation an den Wochenenden, wenn die wenigen Menschen, zu denen ich noch Vertrauen hatte, unerreichbar waren. An solchen Tagen zogen sich die Wolken über meiner seelischen Befindlichkeit immer dunkler zusammen.

Dann kam der Tag, an dem ich meine Mutter anrief:

«Mutter, das Leben ist völlig sinnlos. Ich werde mich umbringen!» sagte ich zu ihr.

«Komm doch erst mal nach Hause, damit wir über alles reden können», meinte sie wie immer in ihrer gutmütigen Art. «Es wird sich doch ganz bestimmt eine Lösung finden lassen!»

Nach Hause? Ich? Auf keinen Fall!

«Es gibt ja sowieso nur Streit mit dem Vater!» entgegnete ich. «Wenn ich heimkomme, dann nur in einer zwei Meter langen hölzernen Kiste!»

Ich legte den Hörer auf, lud meine Armeewaffe[8] und wollte abdrücken. Doch irgendwie funktionierte es nicht. Ich zitterte dermaßen vor Nervosität, dass es mir nicht gelang, den Abzug zu lösen. War es eine technische Sperre? Oder war es gar ein übernatürliches Eingreifen Gottes? Die Frage muss offen bleiben.

Verärgert stellte ich das Gewehr zurück in die Ecke.

«Sei's drum», dachte ich, «es gibt ja auch andere Möglichkeiten, um aus dem Leben zu scheiden.»

So stieg ich von meiner kleinen Dachwohnung durch eine Luke auf das Dach hinaus, überschritt die schmiedeeiserne Abschrankung und wollte vom sechsten Stock in die Tiefe springen. Doch ich schaffte es nicht. War es Feigheit? War es die Angst vor dem Sterben? Oder war es sonst eine mir noch unbekannte Kraft, die das Schlimmste verhinderte?

Ich trat ins Zimmer zurück, nahm alles Geld, das ich hatte, und wollte mich ins Zürcher Vergnügungsviertel stürzen. «Ich werde mir mit Alkohol neuen Mut antrinken. So ergibt sich daraus bestimmt eine neue Chance», sagte ich zu mir selbst und zog in dieser aufgewühlten Stimmung los.

Im Zürcher Niederdorf angekommen, traf ich auf zwei nette Teenagermädchen, die mich zu einem Film einladen wollten. Und von diesem Augenblick an begann sich einiges zu ändern. Doch das sollte ich erst später in seiner ganzen Tragweite erkennen ...

6
Die entscheidende Lebenswende

Bei meinem Auszug von zu Hause stand für mich seinerzeit eines fest: Mit Kirche und Religion wollte ich ab sofort nichts mehr zu tun haben! Für mich war mein Doppelleben eine echte Belastung: Einerseits sah man mich regelmäßig als religiös eingestellten Kirchgänger, andererseits lebte ich überhaupt nicht nach den christlichen Richtlinien. Zum Beispiel ehrte ich meinen Vater in keinster Art und Weise, obwohl das vierte Gebot ja genau das fordert. Oftmals heuchelte ich meinen Mitmenschen und auch mir selbst etwas vor.

Ich hatte einfach die Nase voll von dieser falschen Religiosität, die sich bei uns auf ganz verschiedene Art und Weise präsentierte. Ich empfand beispielsweise das kirchliche Gebot der regelmäßigen Beichte so, als hätte man mir etwas übergestülpt. Wir mussten beim Pfarrer jeweils unsere Vergehen bekennen, damit wir anschließend von ihm die Vergebung zugesprochen bekamen. Auch ich musste dies tun, da ging selbstverständlich kein Weg dran vorbei! Sogar dann, wenn ich im tiefsten Grunde meines Herzens gar keine Reue empfand.

Wie widersprüchlich das Ganze für mich war, wurde

mir immer dann bewusst, wenn meine Mutter ermahnend sagte: «Lorenz, jetzt warst du doch gerade erst in der Beichte und hast alle deine Sünden bekannt. Und trotzdem tust du wieder, was du soeben bereut hast. Da stimmt doch etwas nicht!»

All das stand mir in dem Augenblick groß vor Augen, als mich die beiden Teenagermädchen zu dem christlichen Film einluden. Entsprechend aggressiv und ruppig war meine Reaktion: «Ich will mit Gott und Religion nichts mehr zu tun haben. Das ist sowieso nur ein Hirngespinst. Und überhaupt geht es all diesen Frömmlern doch nur ums Geld!»

Durch mein lautes Reden aufmerksam geworden, kam ein junger Mann, der in unmittelbarer Nähe ebenfalls Einladungen verteilte, auf uns zu. Er, der offensichtlich einen anderen religiösen Hintergrund aufwies als ich, wirkte von Anfang an sicher, gelassen und ruhig. In der anschließenden Diskussion mit ihm trat immer wieder eine Art Bestimmtheit zu Tage, die mich aufhorchen ließ. Schließlich nahm ich die Einladung zum Film an. Ich hatte ja wirklich nichts zu verlieren. Ich sah überhaupt kein Risiko darin.

Das ganze Abendprogramm wurde mit Liedern und einer kurzen Ansprache umrahmt. Worum es sich bei diesem Film handelte, weiß ich heute nicht mehr. Aber eine Frage traf mich wie ein Pfeil mitten ins Herz:

«Wenn du heute stirbst, bist du bereit, Gott zu begegnen?»

Ohne darauf eine Antwort zu erhalten – aber auch ohne einen Schluck Alkohol konsumiert zu haben –, trat ich an diesem Abend den Heimweg in meine Wohnung an.

In den darauf folgenden Monaten bewegten mich zahlreiche Lebensfragen. Zum Beispiel: «Was ist denn eigentlich der Sinn meines Daseins? Jodeln? Feiern? Selbstmord? König Alkohol? Oder doch etwas Positiveres?» Oder: «Sollte Gott wirklich existieren? Kann das sein?» – Doch die Antwort ließ noch einige Zeit auf sich warten.

Etwas ganz Besonderes geschah allerdings in jenen Tagen und Wochen. Immer wieder kam ich mit verschiedenen bekennenden Christen ins Gespräch. Dabei stellte ich immer dieselben Fragen. Die meisten Gegenüber versuchten mir aus biblischer Sicht eine Antwort zu geben. Doch damals hielt ich von der Bibel wenig bis gar nichts, und ich besaß selbst auch keine.

Eines Tages kam ich einmal mehr mit einem Mann ins Gespräch, der mir wieder anhand der Bibel den Weg zu Gott erklärte. Er sprach davon, dass der Mensch durch seine Sünde von Gott getrennt ist und sich niemals aus eigener Kraft selbst erlösen oder befreien kann. Nach längerem Diskutieren wusste ich, dass ich – wenn die Aussagen dieses Mannes stimmten – hoffnungslos von Gott getrennt war! Schließlich antwortete ich ihm: «Weißt du, für einen derart schrecklichen Menschen wie mich gibt es bestimmt keine Gnade mehr. Ich kann mir das nicht vorstellen.»

Der Mann meinte jedoch: «Gottes Liebe lehnt keinen Menschen ab. Davon bin ich felsenfest überzeugt. Selbst der größte Verbrecher hat bei ihm, wenn er die Vergebung wirklich in Anspruch nimmt, eine Chance!»

Daraufhin stellte ich ihm eine Bedingung: «Wenn du mir *einen* Menschen zeigen kannst, der schlimmer war als ich und dennoch die Gnade Gottes erfuhr, dann bin ich bereit, noch einmal eine christliche Veranstaltung zu besuchen.»

Unser Gespräch dauerte bis tief in die Nacht. Bevor wir uns verabschiedeten, fragte er mich: «Darf ich noch für dich beten?» – Ich willigte ein und machte dabei eine ganz neue Erfahrung. Noch nie hatte ich gehört, dass man mit Gott so persönlich, fast wie von Mensch zu Mensch, sprechen kann. Bis dahin kannte ich nämlich nur vorgegebene Gebete, die ich, meistens ohne groß nachzudenken, einfach herunterleierte.

Kurze Zeit später meldete sich der Mann wieder bei mir und sagte: «Erinnerst du dich noch an dein Versprechen mir gegenüber? Ich habe jetzt einen noch schlimmeren Menschen gefunden. Komm doch heute Abend mit mir ins Kongresshaus.»

So machte ich mich auf. Ein ehemaliger Schwerverbrecher, Bandenführer und Gotteslästerer erzählte dort im Kongresshaus aus seinem früheren Leben. Die Geschichte, die ich da zu hören bekam, bewegte mich tief. Dieser Mann hatte tatsächlich noch mehr auf dem Kerbholz als ich.

An diesem Anlass wurde mir eines ganz besonders wichtig: Gott lehnt keinen einzigen Menschen ab, der bereit ist, die angebotene Vergebung in Anspruch zu nehmen. Ich begriff, dass es einen liebenden Gott gibt und dass eine ganz persönliche Beziehung zu ihm erlebt werden kann.

Was ich hier sah und hörte, beeindruckte und ergriff mich sehr. Da befanden sich Hunderte von Menschen in diesem riesengroßen Saal und beteten Jesus Christus aus tiefster Überzeugung an. So etwas hatte ich noch nie erlebt. Das Ganze war völlig neu für mich.

Als gegen Schluss der Veranstaltung dazu aufgerufen wurde, Gottes Liebe persönlich anzunehmen, da reagierte auch ich. Zusammen mit vielen anderen Menschen begab ich mich nach vorne zur Bühne, wo der Referent stand. Dort wurde ich dann gefragt, ob ich wirklich den Wunsch hätte, Jesus Christus persönlich kennen zu lernen und ihn in mein Leben aufzunehmen.

Aus vollem Herzen bejahte ich diese Frage, denn in mir war wirklich eine ganz große Sehnsucht und ein tiefes Verlangen erwacht, diesen Jesus und seine Liebe zu erfahren. Schließlich bekannte ich meine Schuld vor

Gott und nahm seine Barmherzigkeit ganz bewusst für mich in Anspruch. Zum ersten Mal spürte ich an diesem Abend, was echte Vergebung bedeutet. Ich bekam in diesem Augenblick die tiefe innere Gewissheit, von Gott angenommen zu sein. Von diesem Moment an war die entscheidende Frage, die mich in letzter Zeit so umgetrieben hatte, beantwortet:

> *«Wenn ich heute sterben würde, dann kann ich wahrhaftig Gott begegnen und dank seiner Gnade vor ihm bestehen!»*

Das war mir nun absolut klar! Die ganze Last und Schuld vergangener Jahre war gewichen. Jesus Christus hatte durch sein stellvertretendes Sterben am Kreuz auch für mich den großen Schulden-Erlass erwirkt und mir vergeben. Erleichtert und überglücklich verließ ich das Kongresshaus. Ich fühlte mich wie neugeboren.

7
Zurück im grauen Alltag

Am folgenden Tag fiel meinen Arbeitskollegen auf, dass sich in meinem Leben offenbar etwas Entscheidendes abgespielt haben musste. Das Fluchen und Herumschreien prägte mein Auftreten jetzt nicht mehr. Ich strahlte wohl eher etwas aus, was meine Kollegen aufhorchen ließ: «Sag mal, was ist eigentlich mit dir los? Du bist ja völlig verändert!»

Mit großer Freude teilte ich ihnen mit, was ich mit Gott erlebt hatte, und erzählte ihnen von meiner neuen Freiheit. Sofort kam die kritische Frage: «Bist du etwa einer Sekte zum Opfer gefallen? Pass nur auf!»

Einige der Herumstehenden begannen spöttisch zu lachen: «Wir wollen mal sehen, wie lange dieser fromme Zauber beim Lorenz anhält!» Ein anderer ergänzte: «Jetzt haben wir einen Pfarrer auf der Baustelle. Jetzt können wir natürlich nicht mehr machen, was wir wollen!»

Doch auch Mut machende Reaktionen blieben nicht aus. So meinte einer: «Hört doch auf mit eurem Gespött. Lasst ihn in Ruhe. Der Lorenz hat in seinem Leben schon genug durchgemacht. Wenn ihm diese Erfahrung weiterhilft, dann soll er sich doch daran freuen.» – Dieser Mann wusste um das, was ich in den vergangenen Monaten erlebt hatte.

In der Bibel heißt es, dass sich unser Leben vollständig

umformen wird, wenn wir es mit Jesus Christus führen. Negative Dinge, die uns bis dahin prägten, werden dann durch von Gott gewirkte Veränderungen abgelöst (gemäß 2. Korintherbrief, Kapitel 5, Vers 17). Relativ schnell fiel mir beispielsweise auf, dass ich, nachdem ich mein Leben Jesus zur Verfügung gestellt hatte, kein Verlangen mehr nach alkoholischen Getränken verspürte. Was jedoch das Rauchen betraf, so durfte ich eine ganz besondere Erfahrung machen.

An einem Abend, als ich in meinem Wohnzimmer gerade in der Bibel las, stand ich plötzlich vor der Erkenntnis, dass Gott mein Rauchen nicht gefiel und auch nicht gefallen konnte. Nicht etwa, dass mich jemand darauf aufmerksam gemacht hätte. Nein, mir stand einfach klar vor Augen, dass ich damit meine Gesundheit schädigte. Ich weiß, dass der Umstand, ob ich rauche oder nicht, keinen Einfluss hat in Bezug auf die Tatsache, dass ich von Gott geliebt bin. Mir wurde jedoch in dem Augenblick deutlich bewusst, dass ich durch den Konsum von Teer und Nikotin dem Körper Schaden zufügte.

So begann ich zu beten: «Herr Jesus Christus, du weißt, dass mein Körper seit meinem achten Lebensjahr an das Nikotin gebunden ist. Du weißt auch, dass ich bereits dreimal eine Entziehungskur gemacht habe. Auch die medizinischen Fachleute sehen mich als eher hoffnungslosen Fall. Aber ich will frei werden! Herr Jesus, wenn du willst, dass ich das Rauchen aufgebe, dann musst du eingreifen. Ich alleine schaffe das nicht. Amen.»

Was nun passierte, war für mich völlig überwältigend. Ich spürte in diesem Augenblick, dass sich in meinem Körper eine absolute Ablehnung gegen das Rauchen manifestierte. Mich durchfuhr eine gewaltige, befreiende Kraft. Und seit diesem Gebet hat sich jedes Verlangen nach Nikotin verflüchtigt. Obwohl ich ein so starkes und sofortiges Eingreifen Gottes bis dahin noch nicht gekannt hatte, war mir sofort klar: Ich bin geheilt!

Aus dieser tiefen Gewissheit heraus warf ich alle meine restlichen Zigaretten weg. Seither sind schon 24 Jahre vergangen, ohne dass ich rückfällig geworden bin.

Die größte Befreiung erlebte ich ganz sicher im Bereich des Trinkens. Die Zeit der sinnlosen Besäufnisse war vorbei. Auch meine jähzornigen Ausbrüche, denen ich früher völlig hilflos ausgeliefert war, blieben seit jenen Tagen völlig aus.

Doch dies ist nur ein Teil der Veränderungen, die Jesus an mir vollbrachte. Im Laufe der Zeit krempelte er mein Leben immer mehr um. Der Glaube an den Sohn Gottes, der für unsere Sünden starb, füllte mein inneres Vakuum inzwischen in jeder Hinsicht vollständig. Ich begriff, dass es nur *einen einzigen* richtigen Weg gibt. Und dieser Weg heißt Jesus Christus. Er selbst hat uns gesagt, dass er der einzige Weg, die einzige Wahrheit und das einzige Leben für uns Menschen ist (Johannes-Evangelium, Kapitel 14, Vers 6). Seit meinem ersten Erlebnis mit Jesus hat sich diese Erkenntnis immer mehr vertieft.

8
Ein neues Freizeitverhalten

Früher verbrachte ich meine freien Stunden vor allem mit Vergnügungen unterschiedlichster Art, mit viel Unterhaltung und Genuss. Ganz speziell galt dies für die Wochenenden, an denen man mich bis in die frühen Morgenstunden in Bars, Wirtshäusern, Kinos und auf der Tanzfläche finden konnte. Selbstverständlich fehlte dabei auch der Alkohol nicht.

Die arbeitsfreien Tage verbrachte ich meistens im Bett, um mich dann am frühen Abend wieder in die Vergnügungsviertel flüchten zu können. An den offiziellen Arbeitstagen beherrschte abends das Fernsehen mein Freizeitprogramm. So verdrängte ich die Realität meiner wahren Situation und lebte ständig in Scheinwelten.

Obwohl sich mein Leben seit der Hinwendung zu Jesus Christus schon gewaltig verändert hatte, traf man mich in der ersten Zeit meines Christseins am Sonntagmorgen immer noch im Bett oder bei Frühschoppen-Konzerten an. Einem Gottesdienstbesuch konnte ich vorerst noch nichts abgewinnen.

Dann aber kam der entscheidende Sonntag. Ich genoss einmal mehr ein morgendliches Konzert, als etwas völlig Unvorhergesehenes passierte. Wir schaukelten gerade in fröhlicher Stimmung hin und her und sangen das

Lied: «Wir kommen alle, alle, alle in den Himmel, weil wir so brav sind!» – aber da traf mich der Refrain, den ich soeben sang, wie ein Schlag mitten ins Gesicht. Ich bemerkte die ganz große Lüge, die hinter diesen Worten steckt, und fühlte mich als furchtbarer Heuchler. Denn auch hier in dieser Runde waren ja Menschen anwesend, die um meinen neuen Glauben an Jesus Christus wussten. Deshalb entstanden nun heftige Diskussionen.

Ich vertrat nach wie vor meinen Standpunkt und legte unmissverständlich dar, dass wir nicht aufgrund des Umstands, dass wir alle so brav sind, in den Himmel kommen, sondern einzig und allein deshalb, weil wir durch Jesus Christus den Zugang zum Vater im Himmel haben. Nur durch Jesus können wir vom ewigen Verderben erlöst werden. Und dann erklärte ich, was genau unter dem Begriff Gnade zu verstehen ist. Ob die Leute mich verstanden haben, weiß ich bis heute nicht.

Nach diesem Frühschoppen-Konzert ging ich wieder nach Hause und fragte mich, ob solche Veranstaltungen wirklich die einzigen Anlässe waren, die man an einem Sonntagmorgen besuchen konnte. Schließlich nahm ich eine Zeitung zur Hand und informierte mich über die genauen Gottesdienstzeiten. Dabei stellte ich fest, dass die Gottesdienste zur gleichen Zeit stattfanden wie die Frühschoppen-Konzerte. So entschloss ich mich, am folgenden Sonntag einen Gottesdienst zu besuchen.

Die Botschaft, die ich dort hörte, war zentral. Der Pfarrer verstand es, Jesus Christus in den Mittelpunkt seiner Verkündigung zu stellen. Noch nie zuvor konnte ich so viel von einem Gottesdienst profitieren, und ich langweilte mich keine Sekunde. Ich hatte genug Stoff, um den ganzen Nachmittag lang darüber nachdenken zu können und mich dabei selbst zu prüfen. Diesem Gottesdienst folgten viele weitere, so dass ich jetzt nur noch selten einen Sonntag ohne Gottesdienst erlebte.

Aber auch die Samstage gestaltete ich ab sofort ganz anders. Ich verbrachte diesen Tag jetzt oft in den wunderschönen Landschaften unseres Schöpfers und durfte dabei erleben, wie Gott mir plötzlich die Augen für seine Natur öffnete. Ich sah Schönheiten, an denen ich früher achtlos vorbeigegangen wäre. Denn damals war mein Denken völlig auf mich und meine Umstände ausgerichtet. Alles war ich-zentriert gewesen. Jetzt aber konnte ich meinen Blick wieder frei zum Himmel erheben und sehen, wie wunderbar Gott ist.

9
Eine Begegnung im unterirdischen Keller

Den Samstagabend verbrachte ich von nun an mit dem einzigen Ziel, Menschen, die ebenso sinnlos im Vergnügen schwelgten wie ich früher, mit der Frohen Botschaft von Jesus Christus zu konfrontieren. Doch sich dieser Herausforderung als isolierter Einzelgänger zu stellen, ist sehr schwer. So schloss ich mich einer aktiven Jugendgruppe an, die dasselbe Ziel verfolgte.

Bevor wir uns jeweils auf die Straße begaben, um dort in Form von Liedern und Kurzberichten das Evangelium unter die Leute zu bringen, trafen wir uns zuerst in der Teestube zum Gebet. Danach machten wir uns auf zu den Tausenden von Menschen, die im Zürcher Niederdorf, dem damals berühmt-berüchtigten Vergnügungsviertel, ziemlich orientierungs- und ziellos ihre Freizeit verbrachten.

Gerne erinnere ich mich hier an ein besonderes Erlebnis. Wir trugen gerade auf einem zentralen Platz im Niederdorf unsere Lieder vor, als plötzlich ein junger Mann auf der Bildfläche auftauchte. Irgendwie wirkte er ziemlich Furcht einflößend. Ausnahmslos in schwarzes Leder gekleidet, von Kopf bis Fuß mit Nieten und Ketten «geschmückt», sah er jung und kräftig aus. Die sichtbaren

Stellen am Körper waren tätowiert, und sein rockerhaftes Auftreten fiel schon von weitem auf.

Als dieser Mann uns singen hörte, begann er sich sehr zu ärgern. Es passte ihm offensichtlich nicht, dass wir auf offener Straße Lieder über Jesus sangen. Er mischte sich deshalb laut spottend unter die Sänger und riss uns die Gesangbücher weg. Dabei schrie er immer wieder irgendwelche Parolen dazwischen, so dass wir schließlich gezwungen waren, unser Singen abzubrechen.

Nun trat einer unserer Leiter auf ihn zu und bat ihn höflich, uns in Ruhe zu lassen. Doch der junge Mann holte sofort zu einem kräftigen Schlag aus und setzte dieser Bitte ein sofortiges Ende. Völlig entmutigt gab unser Leiter auf.

Jetzt meldete sich ein anderer aus unserer Gruppe. Ich selbst stand da und dachte und hoffte nur das eine, nämlich dass all dies doch so rasch und so friedlich wie nur möglich über die Bühne gehen möge. Da vernahm ich in meinem Inneren plötzlich ganz deutlich eine Stimme: «Lorenz, gehe du hin! Ich helfe dir.»

Ich spürte, dass diese Aufforderung von Jesus Christus kam. Doch für mich war klar: «Hier habe ich nichts zu sagen! Ich bin ja erst seit kurzem Christ. Das muss ich den erfahrenen Leitern überlassen.»

Inzwischen ging also der zweite Leiter zu dem jungen Mann hin und wollte der Belästigung ein Ende setzen. Aber auch er wurde sehr unsanft auf die Seite gestellt. In diesem

Moment meldete sich erneut diese innere Stimme: «Lorenz, gehe hin und setze dich ein! Ich will dich dazu befähigen. Ich stehe dir bei.»

Mit zitterndem Körper, total von Angst erfüllt und völlig zaghaft, ging ich auf den jungen Kerl zu und legte ihm meinen Arm auf seine Schultern, obwohl ich ihm körperlich ja in keiner Weise gewachsen war. Irgendwie dachte ich bei mir: «So, jetzt wird er dann auf mich eindreschen und Kleinholz aus mir machen.»

Doch es kam ganz anders. Völlig überrascht tat der Mann dasselbe und legte ebenfalls seinen Arm auf meine Schulter. Und so begannen wir, indem wir uns langsam von der Jugendgruppe entfernten, einen gemeinsamen Spaziergang durch das Zürcher Rotlicht-Viertel.

Als wir uns schon einige Meter von der Jugendgruppe entfernt hatten, überfiel den Mann plötzlich ein heftiger Zorn. Er packte mich mit seinen kräftigen Pranken und versuchte mich mit einem Würgegriff abzuwimmeln. Dann schrie er mich aufgebracht und heftig an, als hätte er einen Hund vor sich: «Was wollt ihr Frömmler eigentlich hier im Viertel mit eurem Getue? Verschwindet! Ihr habt hier gar nichts zu suchen! Ihr passt nicht hierher!»

Ich stellte mich vor ihm auf und machte ihm klar, dass ich bis vor kurzem noch höchstselbst hier im Viertel meine Vergnügungen gesucht hatte und wie viele andere ein Mensch gewesen war, der die Sorgen des Alltags im

Alkohol zu ertränken pflegte. Ich erklärte ihm, dass ich ihn und seine Lage bestens verstehen würde, worauf er sich offensichtlich wieder ein wenig beruhigte.

Nun erzählte ich ihm, dass ich vor wenigen Wochen eine ganz besondere Erfahrung mit Jesus Christus hatte machen dürfen. Es sei deshalb jetzt mein Wunsch und mein Anliegen, diese positive Erfahrung denjenigen Menschen mitzuteilen, die noch immer keinen Sinn in ihrem Leben sahen. Dabei gehe es mir weder um Mitglieder-Werbung noch um irgendwelche finanziellen Absichten und auch nicht um sonst eine heimtückische Form der Geschäftemacherei. Meine Absicht bestehe nur darin, anderen Menschen die Frohe Botschaft weiterzugeben.

Der Mann in der Rocker-Montur meinte: «Okay, wenn du keine negativen Absichten und keine finanziellen Interessen hast, sondern das nur aus Liebe zu den Menschen tust, dann will ich wissen, ob du mich wirklich liebst. Also verlange ich von dir, dass du jetzt mit mir in mein Stammlokal kommst.» Ich schlug ein ...

In seinem Lieblingslokal angekommen, führte er mich alsbald in ein zweites Untergeschoss, wo sich ein finsterer Raum befand. Diesen Ort hatte ich früher aus Angst immer gemieden, da sich hier offenkundig zwielichtige Geschäfte abspielten. Hier hielten sich ständig Drogenhändler, Prostituierte und Zuhälter auf. Die Sicht in diesem Lokal betrug vielleicht drei bis vier Meter; der Rest bestand aus stinkiger und verrauchter Luft. Laute Musik, betrunkene Leute, dichter Qualm und eine bedrückende, beängstigende Atmosphäre prägten diesen unterirdischen Raum.

Ich wurde an einen Tisch geführt. Als die Bedienung kam, wollte ich ein alkoholfreies Getränk bestellen. Doch mein neuer Kamerad reagierte darauf äußerst heftig. Zur Kellnerin gewandt befahl er: «Diesem Mann bringst du ein großes Bier. Und mir einen Süßmost.»

Nun wollte ich ihm das, was ich mit Jesus Christus erlebt hatte, aber unbedingt erzählen. Doch der Rocker meinte äußerst heftig: «Halte deine Schnauze, und sauf dein Bier!»

Mit dieser unmissverständlichen Aufforderung brachte er mich einmal mehr zum Schweigen. In mir stiegen erneut verschiedenste Gefühle der Unsicherheit und Verlegenheit auf. Ich befolgte seinen Befehl, schwieg und trank mein Bier.

Doch kaum war der letzte Tropfen getrunken, bestellte er laut schreiend ein zweites großes Bier für mich und für sich einen weiteren Süßmost. – Wer meine frühere Geschichte kennt, der kann sich die Nöte, die das Ganze anschließend mit sich brachte, leicht vorstellen.

Der Mann fixierte mich mit finsterem Blick, während ich mein zweites Bier trank. Ich wusste je länger je weniger, was ich hier eigentlich zu suchen hatte. Immer wieder schaute ich zum Treppenaufgang hinüber und überlegte, wie ich dieses Lokal so rasch wie möglich verlassen konnte. Doch vor dem einzigen Ausgang, der aus diesem Lokal in die Freiheit hinausführte, standen zahlreiche Menschen, so dass ein fluchtartiges Verschwinden nur unter schwersten Bedingungen möglich gewesen wäre.

Obwohl ich erst seit kurzem Christ war, hatte ich doch schon gelernt, dass Gebete Wunder bewirken können. So betete ich in meinem Innern ganz still für mich und trank mein zweites großes Bier aus. Dabei spürte ich schon die Angst im Genick, wahrscheinlich bald noch ein drittes Bier trinken zu müssen.

Innerlich betete ich weiter: «Herr Jesus, bitte bewirke, dass der Alkohol in diesem Bier mir nichts antun kann. Du weißt, dass ich das alles nicht freiwillig tue. Und nichts liegt mir ferner, als mich hier an diesem dunklen Ort betrinken zu wollen. Hilf mir, bitte! Amen.»

Ich behielt tatsächlich einen völlig klaren Kopf, was angesichts der Biermenge für mich doch recht ungewöhnlich war.

Kaum war also der zweite Bierkrug leer, der – ebenso wie der erste – zirka sieben Deziliter fasste, drehte der Mann sich ganz gezielt zu mir um und sagte:

«Lorenz, ich kann nur staunen über dein Verhalten. Ich glaube, mir ist noch nie so ein Mensch begegnet wie du. Bitte erzähl mir, was du mit Jesus erlebt hast und was wirklich die Idee hinter eurer Gruppe und eurem Singen hier im Niederdorf ist.»

Nun war also die lang ersehnte Gelegenheit da! Ich konnte diesem Mann frei heraus von Jesus Christus erzählen und also auch darüber, wie er mein Leben völlig umgekrempelt hatte. Mein «Gastgeber» war übrigens längst nicht der Einzige, der mir zuhörte. Die Leute am Nebentisch wurden ebenfalls aufmerksam auf das, was ich meinem tätowierten Niederdorf-Insider weitergab.

Da ertönte jedoch plötzlich eine äußerst heftige Reaktion: «Du dumme Siech! Du bisch au wieder so en blöde Schnurri! Heb doch dini Schnure zue!» («Du Obertrottel! Du bist doch auch wieder so ein Dummschwätzer! Halte doch gefälligst den Rand!») Ein schon ziemlich angetrunkener Mann wollte mich zum Schweigen bringen. Und es dauerte nicht lange, da mischten sich auch noch andere Gäste vom Nebentisch ein. Es folgte ein Spott dem anderen. Ich hatte schon Gemütlicheres erlebt!

Doch mein großzügiger Bier-Spender setzte dieser Unruhe ein sofortiges Ende, indem er das Lästermaul mit einem rustikalen Griff auf seinen Stuhl zurücksetzte und ihm damit zeigte, wer hier Meister war: «Ich selbst habe ihm das Wort erteilt. Also halt gefälligst deine Klappe. Er hat das Recht, hier seinen Standpunkt zu vertreten, und niemand mischt sich hier ein!»

Das war eine klare Sprache, und alle Zuhörer zogen es vor, sich ab sofort ruhig zu verhalten. So verfloss ungefähr eine halbe Stunde, in der ich erzählen konnte, was ich bis dahin mit Gott erfahren hatte und was ich von ihm wusste.

Nachdem ich mit meinen Ausführungen am Ende angelangt war, bedankte sich mein Sportsfreund in der Rocker-Montur herzlich, bezahlte die gesamte Rechnung, führte mich aus dem Lokal heraus, umarmte mich dort und sagte: «Lorenz, seit Jahren habe ich solche Menschen wie dich an ihrer Aufgabe gehindert. Ich verspreche dir aber, dass so etwas nie mehr vorkommen wird. Du hast mich davon überzeugt, dass das, was ihr hier tut, auch bei uns im Niederdorf Platz hat.» – Völlig überwältigt stand ich da. Damit hatte ich nicht gerechnet.

Oftmals, wenn wir in den folgenden Wochen und Monaten zu unseren Straßeneinsätzen aufbrachen, sahen wir ihn wieder. Und jedes Mal wurden wir von ihm ganz herzlich begrüßt. Er war offenbar ein Mann, der zu seinem Wort stand.

Mit dieser Geschichte möchte ich Mut machen, vermehrt auch in der Öffentlichkeit über Gott zu reden. Viele Menschen leben heute in fast hoffnungslosen Situationen. Und darum ist es äußerst wichtig, dass diejenigen, die noch Lebensfreude besitzen, ihren Mitmenschen davon erzählen – auch wenn die Umstände vielleicht mal total dagegen zu sprechen scheinen.

10
Das «stille Wasser» in der Jugendgruppe

Seit der bitteren Enttäuschung, die ich rund um meine Jugendliebe gemacht hatte, wollte ich von Frauen und vom Heiraten nichts mehr wissen. Ich wollte ledig bleiben und konnte dieses Vorhaben inzwischen auch von der Bibel her bestens unterstützt finden, da nicht zuletzt Paulus den ledigen Zustand in den höchsten Tönen lobt. Doch tief in meinem Innersten wusste ich, dass ich im Grunde genommen etwas verdrängte. Meine Proklamation des zufriedenen Single-Daseins war letztendlich nichts anderes als eine negative Festlegung. Da gab es in mir immer noch diese Resignation, dazu viele Ängste und etliche unverarbeitete Enttäuschungen. Das war der wirkliche Grund, weshalb ich nie mehr eine Beziehung zu einem Mädchen aufbauen wollte.

Es nahte jedoch der Tag, an dem in unserer Jugendgruppe ein Mädchen in mein Blickfeld trat. Andrea, so hieß sie, faszinierte mich von Anfang an durch ihr stilles Verhalten. Offenbar ziehen sich Gegensätze tatsächlich an, denn ich selbst bin nun wirklich nicht immer der Leiseste. In mir stiegen je länger je mehr wieder vergessen geglaubte Gefühle und Empfindungen auf. Ich suchte Gelegenheiten, um mich

Andrea zu nähern, ja, ich wollte ihr auf irgendeine Art und Weise mitteilen, dass sie für mich mehr als nur irgendeine Kameradin war. Doch wie sollte ich das tun? – Einmal mehr bat ich Gott um Rat und um Hilfe.

Die gewünschte Gelegenheit ließ nicht lange auf sich warten. An einem schönen und milden Sommerabend, als wir uns nach dem Jugendgruppen-Treffen für einen Spaziergang am Ufer des Zürichsees entschieden, tauschten wir (relativ) ungezwungen auf einer Parkbank unsere Gedanken über Liebe und Freundschaft aus. Und selbstverständlich blieb es nicht nur beim gemeinsamen Reden. Im Gegenteil: Wir spürten in diesem Augenblick beide eine gemeinsame Bestimmung. Für mich war klar: Andrea ist *die* Frau, die Gott für mich bestimmt hat!

An diesem Abend redeten wir auch sehr offen über unsere Gefühle in Bezug auf die Sexualität. Dabei sprach ich auch meine Bett-Geschichten an, die vor meiner Hinwendung zu Gott zu meinem Leben gehört hatten. Ich bekannte Andrea gegenüber, dass mir das Leid tat.

Es war ein sehr ehrliches Gespräch, das wir da führten. Und wir beide spürten, dass es mehr war als nur ein romantischer Sommerabend. Wir trafen deshalb in jenen Stunden eine gemeinsame Entscheidung, die den weiteren Verlauf unserer Beziehung prägen sollte. Wir wollten als überzeugte Christen auch in den Bereichen Freundschaft und Sexualität ganz Gott nachfolgen und unsere Beziehung bewusst nach biblischen Maßstäben aufbauen. Konkret: Wir entschlossen uns in gegenseitigem Einverständnis, auf eine sexuelle Beziehung vor der Ehe zu verzichten.

In der Folge unserer bald allen bekannten Freundschaft und der damit verbundenen Lebensprinzipien blieben die gut gemeinten Ratschläge verschiedenster Mitmenschen natürlich nicht aus: «Passt nur auf!» meinte einer. «Ihr werdet noch sehen, dass ihr das nicht schafft!» – Ein anderer hatte ebenfalls klare Ansichten: «Und ob man vor der Ehe Sex haben muss! Man sollte doch schon im Voraus wissen, ob man sexuell überhaupt zusammen passt.» – Und ein Dritter lächelte milde: «Wie kann man nur so rückständig sein! Das tun doch heute sowieso alle.»

Bestimmt ist es an dieser Stelle sinnvoll zu erwähnen, dass wir (wen erstaunt's?) genau wie andere Liebespaare mit «entsprechenden Versuchungen» zu ringen hatten. Auch wir bestehen ja aus Fleisch und Blut. Doch unser Entscheid wurde – allen Problemen und Kämpfen zum Trotz – von Anfang an von Gott gesegnet.

Im August 1980 schlossen wir den Bund der Ehe. Und heute, mehr als zwanzig Jahre später, sehen wir mehr denn je bestätigt, dass der damalige Schritt – nämlich vor Gott in Reinheit leben zu wollen – der einzig richtige war.

Wir bemühen uns auch heute noch, den Alltag mit unserem Gott zusammen zu gestalten. ER ist immer noch der Erste in unserer Ehe und in unserer Familie.

11
Ein Wunsch geht in Erfüllung

Noch wichtiger als das Thema Sex war für Andrea und mich, dass wir beide Gott dienen wollten. Wir hegten beide den großen Wunsch, unser ganzes Leben, unsere Begabungen und Fähigkeiten ganz Gott zur Verfügung zu stellen. Wir beide liebten Jesus von ganzem Herzen, und wir wollten ihm allein dienen.

Seit dem Tag, als ich Christ wurde, spürte ich in mir das tiefe Verlangen, anderen etwas über diesen großen und wunderbaren Gott zu erzählen, der mein Leben so positiv verändert hatte. Doch in den Diskussionen, die ich mit Einzelnen führte, fehlten mir dann oft die richtigen Worte. Meine Argumente waren nicht immer stichhaltig. Ich wirkte deswegen auch eher unsicher. Mir mangelte es ganz einfach am theologischen Grundwissen. Ich hatte zwar den Wunsch nach mehr Tiefgang im Glauben, doch für eine theologische Ausbildung fehlten mir die finanziellen Mittel, aber auch der Mut. Zudem wollte ich kein Theologe, sondern vielmehr ein Mann für das gewöhnliche Fußvolk werden. So erkundigte ich mich nach einer kurzen Ausbildungs-Variante und erhielt die Adresse des Janz Teams in Süddeutschland, das eine dreimonatige Kurzbibelschule anbot.

Eines Tages erzählte ich während der Kaffeepause einem meiner Arbeitskollegen von meinen Plänen. Daraufhin meinte dieser: «Ich möchte eigentlich auch vier Monate unbezahlten Urlaub für eine Auslandsreise nehmen.»

In diesem Augenblick dachte ich: «Wenn dieser Mitarbeiter mit seinem Anliegen ebenfalls bei unserem Chef vorstellig werden sollte, so wird man ihn mit Bestimmtheit bevorzugen. Denn er arbeitet schon länger in dieser Firma als ich ...»

Vor meinem geistigen Auge sah ich einmal mehr meine «Felle» davonschwimmen. Wahrscheinlich lohnte es sich gar nicht mehr, wenn ich mich noch erkundigte. Ich würde mich sowieso nur lächerlich machen. Ja, es sollte wohl einfach zu meinem Lebensschicksal gehören, dass nicht alles so rund lief, wie ich es mir immer wieder wünschte. – In dieser Art brachte ich meine Gedanken im Gebet vor Gott.

Doch das Wechselspiel in meiner Gefühlswelt war damit noch nicht beendet. Denn eines Tages hieß es plötzlich, dass der Antrag meines Arbeitskollegen abgelehnt worden sei. Ich begann wieder neue Hoffnung zu schöpfen. Ob es wohl bei mir doch noch klappen würde?

Dann kam der Tag, an dem mein Chef mich zu einer Tasse Kaffee einlud. Selbstverständlich streiften wir im nun folgenden Gespräch auch mein Anliegen betreffend den Besuch der Kurzbibelschule. Dabei blickte ich meinen Vorgesetzten hoffnungsvoll an. Doch er meinte nur:

«Es tut mir echt Leid, aber das geht leider nicht. Ich hoffe, Sie können das akzeptieren.»

Diese Aussage traf mich natürlich wie ein Messerstich mitten ins Herz. Ich verstand in diesem Moment überhaupt nichts mehr und sagte nur noch: «Eigentlich begreife ich Ihre Entscheidung nicht. Aber ich werde mich wohl oder übel fügen müssen.»

Jetzt war endgültig klar, dass ich keine Ausbildung machen konnte. Innerlich resigniert legte ich die kurze Wegstrecke zu meiner Baustelle zurück, als plötzlich ein Auto neben mir anhielt und der Fahrer das Fenster herunterkurbelte. Es war mein Chef. Ich dachte zuerst, dass er mich bis zur Arbeitsstelle mitnehmen wollte. Doch er rief mir nur zu:

«Herr Schwarz, Sie können die Bibelschule besuchen, wenn Sie nach Ihrem Abschluss wieder in mein Geschäft zurückkehren!»

Wie schnell sich doch mitten in der Resignation wieder Jubel einstellen kann! Meine Freude über die Zusage meines Chefs war grenzenlos. Ich versprach ihm, seine Firma nicht im Stich zu lassen.

Kurze Zeit später trat ich in die Kurzbibelschule ein, und es folgten drei wunderbare Monate. Ich hatte viel Zeit, Gott und die Bibel näher kennen zu lernen und mit Lehrern und Schülern Erfahrungen, Nöte und Zukunftsfragen zu besprechen. Andrea, meine Verlobte, nützte diese Zeit für einen praktischen Einsatz bei einer Missionarsfamilie auf Sizilien.

An einem wunderschönen Sonntagnachmittag Ende März 1980 kehrte ich von der Kurzbibelschule nach Hause zurück und trat bereits am Montagmorgen – wie versprochen – wieder ins Arbeitsverhältnis bei meiner Firma ein. In den folgenden Tagen und Wochen als Elektro-Installateur nahm jedoch das Verlangen stetig zu, mit dem neu erworbenen Wissen meinen Mitmenschen besser dienen zu können. Dennoch verbrachte ich noch volle neun Monate bei meinem verständnisvollen Chef.

Etwa ein halbes Jahr nach unserer Hochzeit wurden meine Frau und ich ins Berner Oberland berufen: Man brauchte uns in einem christlich geführten Gästehaus. Dort verbrachte ich dann anderthalb Jahre als «Hausfeuerwehr». Ich hatte die Gelegenheit, äußerst vielseitige Arbeiten verrichten zu dürfen: Ich wurde zum Geschirrspülen, für allgemeine Servicedienste, Reparaturen, kleinere Umbauten und zur Gartenarbeit eingeteilt, betreute Gäste, stieg vereinzelt in die Rolle des Seelsorgers und vertrat auch tageweise den Hausvater. Der Lorenz wurde eingesetzt, wo's gerade «brannte».

Doch dann kam der Tag, an dem plötzlich eine ganz klare Berufung ins Engadin erfolgte. Oder sollte ich vielleicht besser schreiben: eine Berufung mit einigen großen Fragezeichen? ...

12
Vom «Geschirrspüler» zum «Hoteldirektor»

Eines Tages trafen bei uns etwa dreihundert junge Leute ein, die besser über das Thema «*Christen in Bewegung*» informiert sein wollten. Für mich und alle anderen Mitarbeiter des Gästehauses bedeutete dies, dass wir rund um die Uhr voll auf Achse sein mussten. Denn es gab bei so vielen Gästen doch extrem viel zu tun. Dennoch konnte ich mir einmal kurz Zeit nehmen, um mir im Plenum einen Vortrag anzuhören.

Während des Referats stellte der Redner eine unvergessliche Frage: «Bist du bereit, dort zu stehen, wo Gott dich haben will? Oder gehörst du etwa auch zu denjenigen, die sich nur dort aufhalten, wo viele Gleichgesinnte sind?» Und eine Weile später sagte er: «Wenn Gott dich an einen Ort ruft, wo du niemanden kennst – und selbst wenn es irgendwo in der Abgeschiedenheit eines Bergkantons wie Graubünden sein sollte –, wo du als bekennender Christ vielleicht einen Dienst als Handwerker tun sollst, und wenn du bereit bist zu gehen, dann bist du mit Bestimmtheit ein *Christ in Bewegung* ...»

Das war eine ganz deutliche Sprache! Als gebürtiger Bündner traf mich das Ganze mitten ins Herz. Im Stillen gab ich Gott ein uneingeschränktes Ja und betete: «Herr, zeige mir diesen Platz!»

Kaum hatte ich das in meinem Herzen ausgesprochen, ergriff mich eine tiefe Trauer über die vielen Menschen, die ich kannte und die noch keine persönliche Beziehung zu Jesus Christus hatten. Gott hatte mich in diesem Moment ganz persönlich angesprochen. Mir liefen Tränen über die Wangen. In dieser für mich eher unangenehmen, ja peinlichen Situation verließ ich den Saal noch vor Ende des Vortrags. Auf direktem Weg ging ich nach Hause zu meiner Andrea und erklärte ihr, dass ich in dieser Stunde einen ganz klaren Ruf in den Kanton Graubünden verspürte.

Zu Hause besprachen wir die Sache dann zusammen noch etwas detaillierter, da wir beide schon seit einiger Zeit den Eindruck hatten, dass unsere Zeit im Berner Oberland bald einmal dem Ende zugehen könnte. Andrea meinte: «Wenn dieser Ruf von Gott ist, so erwarten wir ein Zeichen. Dann werde auch ich bereit sein, diese mir so lieb gewordene Gegend zu verlassen.»

Wir sagten niemandem etwas von unseren Absichten. Still bewegten wir unser Anliegen täglich im Gebet vor Gott. Und wenige Wochen nach diesem für mich unüberhörbaren Ruf kam plötzlich die Anfrage des Hauptverantwortlichen von dem Werk, in dem wir zu jener Zeit gerade arbeiteten: Ob wir allenfalls bereit wären, einen Gästebetrieb im Engadin (Kanton Graubünden!) zu führen?

Es war für mich, als hätte Gott uns eine Antwort auf unsere Gebete gegeben. Sofort waren Andrea und ich bereit, uns diese Aufgabe im Engadin etwas genauer anzusehen.

Ein leitender Mann der christlichen Gemeinde, zu der wir uns damals zählten, sagte zu mir: «Lorenz, wir freuen uns natürlich überhaupt nicht, dass du gehst. Wir brauchen euch hier. Doch es soll nicht unser, sondern Gottes Wille im Vordergrund stehen. Ich werde mich während der Zeit, in der ihr euch dieses Objekt anschaut, im Gebet intensiv dieser Sache annehmen. Ich habe den Glauben und die Erwartung, dass Gott uns beiden eine klare Antwort gibt.»

Mit großen Erwartungen fuhren wir also los. Aber als wir dann schließlich vor dem besagten Haus im Engadin standen, rief Andrea aus: «Oh nein, nicht diese Bruchbude!» – Wir wohnten damals in einer 4 ½-Zimmerwohnung mit einer wundervollen Aussicht auf die Berner Berge. Doch das Haus, das jetzt vor uns stand, war (höflich gesagt) äußerst renovierungsbedürftig.

Im Gegensatz zu meiner Frau und unserer vier Monate jungen Tochter konnte ich in der folgenden Nacht nicht schlafen. Ich lag hellwach in meinem Bett und baute in Gedanken das ganze Haus, das wir am Vortag zu Gesicht bekommen hatten, von oben bis unten um. Und als es schließlich zu dämmern begann und der neue Tag sich ankündigte, da wusste ich, dass wir als Familie ins Engadin auf 1'700 Meter über dem Meeresspiegel umziehen werden. Und ich wusste auch, dass aus diesem Haus durchaus noch etwas zu machen war, wenn man einige bauliche Veränderungen vornahm.

Zwei Tage später fuhren wir zurück ins Berner Oberland. Auf dem Weg in unsere Wohnung begegneten wir dem Verantwortlichen aus unserer Gemeinde, der sogleich mit folgenden Worten auf uns zukam:

«Lorenz, Gott hat mir klar gezeigt: Ihr müsst gehen und diese Arbeit im Engadin antreten!»

Ich wollte von ihm genauer wissen, wie Gott ihm das aufgezeigt hatte, und bekam daraufhin eine eindrückliche Geschichte zu hören. Er erzählte uns:

«Als ich intensiv für euch im Gebet vor Gott einstand, kam mir der Gedanke: Ich will einen Vers aus der Bibel haben, der mir Klarheit über eure Zukunft verschafft. So schlug ich die Heilige Schrift auf und ließ mich beim Lesen ganz bewusst führen. Das Wort, das ich nun las, berührte mich dermaßen tief, dass ich weinen musste:

> *Denn ihr sollt in Freuden ausziehen und im Frieden geleitet werden. (Jesaja, Kapitel 55, Vers 12)*

Sicher verstehst du nun, Lorenz, dass ich angesichts einer so klaren Führung dir und deiner Frau gegenüber nicht im

Weg stehen darf. Ihr werdet uns sehr fehlen. Aber ich weiß, dass der Segen Gottes mit euch sein wird, wenn ihr ihm gehorsam seid.»

Der Rest ist schnell erzählt: Innerhalb eines im Eilzugtempo vorüberziehenden Monats brachen wir unsere Zelte im Berner Oberland ab, um definitiv ins Engadin zu ziehen.

13
Unmögliches wird möglich

Man wollte uns eindringlich klarmachen, dass dieser alte Engadiner Gästebetrieb nie mehr selbsttragend geführt werden konnte. Doch wir waren so fest davon überzeugt, dass der Ruf, den wir von Gott gespürt hatten, echt und real war. Deshalb konnten uns diese Warnungen nicht aufhalten. Wir glaubten, dass aus diesem erneuerungsbedürftigen Haus durchaus etwas zu machen war. Die Gäste-Abrechnungen der vergangenen Jahre ergaben zwar eine Gesamtjahres-Übernachtungszahl von weniger als tausend Nächten. Dennoch durften wir in den darauf folgenden Jahren erleben, wie diese Zahl bis hin zu einer Höhe von 4'700 Übernachtungen pro Jahr stetig anstieg. Und dies, obwohl sich die Bettenzahl in unserem Haus durch den Umbau nicht veränderte. Gott beschenkte uns mit vielen neuen Gästen!

Natürlich wurde unser ganzer Einsatz gefordert, und wir mussten bereit sein, alles zu geben, was wir an Zeit und Energie aufbringen konnten. Dies galt in Bezug auf unsere Gäste wie auch auf die baulichen Veränderungen im und ums Haus, die wir vor allem in die Zwischensaison verlegten. Angesichts der neuen Aufgabe lagen Ferien in den ersten Jahren für uns kaum drin.

Die Befürchtungen, dass wir finanziell nicht durchkommen und folglich ausbluten würden, erwiesen sich als völlig unbegründet. Es gab diesbezüglich auch keine Probleme, als wir nach achtjähriger Tätigkeit das Haus «Friedheim» als private Liegenschaft käuflich erwarben. Unser treuer Gott versorgte uns auch hier aufs Beste und schenkte uns viele finanzkräftige Unterstützer. Ohne dass wir einen einzigen Bettelbrief versandt hätten, boten uns Leute aus verschiedensten kirchlichen Kreisen zinslose Darlehen an. Der Gesamtbetrag ging in die Hunderttausende von Franken. Wir konnten nur staunen und Gott für seine Treue danken.

Durch solche Vertrauensbeweise gestärkt, wuchs unser Glaube an Gott, und wir lernten mehr und mehr alle Sorgen im Gebet an ihn abzugeben. Wir stellten fest, dass auf die Zusagen, die Jesus Christus schon in der Bergpredigt macht, zu hundert Prozent Verlass ist: «Darum sollt ihr nicht sorgen und sagen: Was werden wir essen? Was werden wir trinken? Womit werden wir uns kleiden? ... Denn euer himmlischer Vater weiß, daß ihr all dessen bedürft. Trachtet zuerst nach dem Reich Gottes und nach seiner Gerechtigkeit, so wird euch das alles zufallen» (Matthäus-Evangelium, Kapitel 6, Verse 31–33).

«Trachtet zuerst nach dem Reich Gottes ...» – diese Bibelstelle hatten wir seinerzeit als gemeinsames Lebensmotto in unsere Eheringe eingravieren lassen. Sie hat sich in wunderbarer Weise bis heute tatsächlich immer wieder bewahrheitet.

14
Ein Autostopper findet zu Gott

An dem wunderschön gelegenen St. Moritzersee standen an einem Spätherbsttag zwei junge Männer mit ausgestrecktem Daumen und bekundeten damit ihre Hoffnung, möglichst rasch mit dem nächstbesten Auto mitgenommen zu werden. Ich hielt an und ließ sie einsteigen. Für mich sind solche Gelegenheiten sehr wertvoll, da ich als überzeugter Christ gerne das Gespräch mit andersdenkenden Mitmenschen suche.

Schon bald fanden wir uns in einer angeregten Diskussion, und ich erkundigte mich bei ihnen, in welchem Verhältnis sie zu Gott standen. Die Meinungen der beiden klangen für mich nun allerdings nicht gerade überzeugend. In mir entstand deshalb sofort der Wunsch, ihnen eine kleine christliche Schrift zu schenken. Die Reaktionen der beiden Männer waren daraufhin sehr unterschiedlich.

Der eine Mitfahrer meinte: «Nein danke, dieses Thema interessiert mich überhaupt nicht!» – Für ihn war die Sache von Anfang an erledigt.

Der Zweite jedoch, ein äußerst alternativ gekleideter Mann mit langen Haaren und einer umgehängten Hirtentasche, sagte: «Doch, ich nehme die Schrift gerne. Ich werde sie bei Gelegenheit durchlesen.»[9]

Als die beiden an ihrem Zielort ausstiegen, betrachtete ich die Sache als abgeschlossen. Die Tage und Wochen gingen durchs Land, und ich verwendete kaum mehr einen Gedanken an die beiden Autostopper. Doch einige Monate später, als ich vor dem Haus arbeitete, kam plötzlich ein junger Mann mit gezielten Schritten auf mich zu. Je näher er kam, desto mehr erhellte sich sein Gesicht. Für mich war er auf den ersten Blick allerdings ein Unbekannter. Er sprach mich gleich mit Namen an: «Guten Tag, Herr Schwarz!» Dann erklärte er mir, dass er als Autostopper vor einiger Zeit einmal eine Schrift von mir erhalten und diese anschließend mit viel Interesse durchgelesen habe. Anhand des Adress-Stempels auf dem Flugblatt hatte er mich ausfindig machen können. «Ich habe seither keine Ruhe mehr gefunden und suche einen Christen, mit dem ich etwas Wichtiges besprechen kann», sagte er zu mir. «Deshalb stehe ich jetzt vor Ihnen.»

Lorenz Billeter, so heißt dieser Mann, erzählt seine Geschichte gleich selbst: *«Ich lebte zu jener Zeit schon seit einigen Monaten im Engadin. Doch jedes Mal, wenn ich mit der Rhätischen Bahn an dem Haus der Familie Schwarz vorüberfuhr, fiel mir an der Wand dieser Hausspruch (‹Jesus ist Sieger und lebt!›) auf. Für mich war klar: Hier wohnen Menschen, die bezüglich Glauben wissen, was sie wollen.*

Bei mir war das offensichtlich ein wenig anders. Ich hatte mich zwar schon vor Jahren für ein Leben mit Jesus entschieden. Doch weil ich nicht konsequent nach den biblischen Richtlinien lebte, erlitt ich in meinem Glauben immer wieder Schiffbruch. Ich versuchte schließlich, mich als Solo-Christ durchs Leben zu schlagen, mied das Zusammenkommen mit anderen Gläubigen und machte mit heuchlerischem Lebensstil mir selbst und meinen Mitmenschen etwas vor.

Doch an diesem einen Tag, als ich bei Lorenz Schwarz in der Stube saß, da wusste ich, dass ich mein Leben mit Gott neu in Ordnung zu bringen hatte. Allerdings musste ich dabei erst noch etwas bekennen. Es war nämlich so, dass ich zu diesem Zeitpunkt mit einer Frau, die mit Gott gar nichts am Hut hatte, eine außereheliche Beziehung eingegangen war. Ich wusste, dass dies grundsätzlich falsch war für einen Christen. Aber ich hatte – da ich mich schon zu tief mit der Sünde eingelassen hatte – keine Kraft mehr zu widerstehen. Bis zu diesem Tag gab es auch keine Vertrauensperson, mit der ich mich darüber hätte austauschen können.»

Die Seele von Lorenz Billeter war völlig ausgetrocknet. Wie wohl tat es ihm, als er in unserer Stube sein Herz wieder einmal so richtig ausschütten durfte. Doch der Rat, den er von mir erhielt, war ein harter: «Gehe hin zu deiner Freundin und mache Schluss mit ihr!» Dazu nochmals Lorenz Billeter:

«Mir fiel dies durchaus nicht leicht. Doch ich wusste, dass es richtig war. So ging ich – wenn auch mit schwerem Herzen – schließlich zurück zu meiner Freundin nach Samedan. Ich sagte zu ihr: ‹Ich kann mir nicht vorstellen, mit einer Frau verheiratet zu sein, mit der ich das, was mir das Liebste ist, nämlich meinen Glauben an Jesus Christus, nicht teilen kann.›

Damit zog ich einen Schluss-Strich unter unsere Beziehung. Das heißt: Damit wollte ich es eigentlich tun. Doch meine Freundin gab nicht so schnell auf. Aufgewühlt durch meine Worte, kam sie in eine tiefe seelische Bedrängnis. Voller Verzweiflung und innerer Unruhe machte sie sich allein zu einer Wanderung auf. In der Stille der Bergwelt klagte sie Gott ihr ganzes Leid in einem Gebet und sagte zu ihm: ‹Wenn es dich wirklich gibt, dann zeige dich mir.›

Im Unterschied zu mir hatte sie keine Ahnung, wie man sein Leben Jesus Christus anvertraut. Doch Gott ist treu und hat ihren Hilferuf dennoch erhört. Sie wurde in der folgenden Nacht sanft aus ihrem Schlaf aufgeweckt und durfte buchstäblich körperlich fühlen, wie Jesus an ihre Herzenstüre anklopfte. Und dann zogen plötzlich ein tiefer Friede und eine bis dahin noch nie gekannte Freude in sie ein.»

Soweit der Bericht von Lorenz Billeter. Ich darf noch hinzufügen, dass die beiden bald darauf heirateten und heute glückliche Eltern von vier Kindern sind. Sie machen aktiv in einer christlichen Gemeinde mit und dürfen dabei ihren Glauben mit anderen Christen teilen. Ich durfte die ganze Familie Billeter Jahre später in unserer Pension beherbergen und ihnen den Urlaub verschönern, was für mich natürlich eine ganz besondere Freude war.

15
Dreißig Rappen und ein Stück altes Brot

Es klingelte an der Haustür. Ein junger Mann in Radfahrermontur stand vor mir und fragte mich ziemlich ironisch: «Kann man die verheißungsvolle Aufschrift in Anspruch nehmen?» – Mir war sofort klar, worauf er hinauswollte, denn auf unserem Haus steht vorne in ganz großen Buchstaben:

«JESUS IST SIEGER UND LEBT!»

Doch ich stellte ihm zuerst eine Gegenfrage: «Wie meinen Sie das? Wollen Sie sie in Anspruch nehmen oder missbrauchen?»

Der Radfahrer ließ sich dadurch nicht aus der Fassung bringen: «Kann man in diesem Haus für dreißig Rappen übernachten?»[10]

«Natürlich», antwortete ich, «da ist sogar das Frühstück dabei.»

Eher verunsichert meinte er: «Ich habe nur noch dreißig Rappen in der Tasche, und die gebe ich Ihnen gerne. Aber mehr besitze ich wirklich nicht.»

«Kommen Sie bitte herein. Ich habe ein freies Bett und

auch genügend zu essen und zu trinken für Sie», ermunterte ich ihn.

So freundlich und spendabel ich äußerlich auch wirkte, so dachte ich doch im Innersten: «Den werde ich in die Abstellkammer verfrachten, wenn er sowieso nicht bezahlen kann.» – So einer bin ich also.

Doch das Gewissen meldete sich schnell in mir: «Wenn du schon so großzügig sein willst, hast du bestimmt auch noch bessere Zimmer anzubieten!» – Und so wies ich meinem Gast mit seinen dreißig Rappen ein nettes Einbettzimmer zu.

Kurz darauf lud ich ihn zu einer Tasse Tee ein, die er gerne annahm. Und während wir gemeinsam die heiße Flüssigkeit aus unseren Tassen schlürften, erzählte er mir, wie er an unserem Haus vorbeigefahren war und sich schrecklich über den Hausspruch geärgert hatte. Er wollte mit solch frommen Typen und mit Gott nichts zu tun haben. Vorher nicht, und jetzt auch nicht.

Es entstand eine kurze Pause. Dann meinte er: «Eigentlich wollte ich heute noch über den Albulapass die Stadt Chur erreichen. Doch etwa einen Kilometer unterhalb der Passhöhe sah ich, wie plötzlich ein heftiges Gewitter heraufzog. In diesem Augenblick beherrschte mich nur noch ein Gedanke: So rasch wie möglich zurück ins Tal!»

Bei seiner Rückkehr kam er erneut an unserer Pension vorbei. «Ich las nun zum zweiten Mal diese fromme Aufschrift und wusste nur eines, nämlich dass ich dringend einen Unterschlupf brauchte. In mir machte sich die Frage breit: Kann man diese verheißungsvolle Beschriftung wirklich beim Wort nehmen?»

Nun erzählte er mir, wie er mit seinem ganzen ersparten Geld von Deutschland her Richtung Italien unterwegs war. Auf einer Pass-Abfahrt brach ihm bei großer Geschwindigkeit der Lenker seines Rennrades entzwei. Der darauf folgende Sturz endete mit einem Klinikaufenthalt. Die Unfallkosten und die Fahrrad-Reparatur fraßen seine mitgeführten Ersparnisse bis auf die dreißig Rappen und ein Stück altes Brot auf. «Und du siehst ja selbst, dass der da oben mir nicht geholfen hat!» resümierte er nun. «Warum also sollte ich etwas mit diesem Gott zu schaffen haben?»

Ich erzählte ihm aus meinem früheren Leben. Zwar war ich nie so heftig von meinem Fahrrad gestürzt wie er, doch mit Gott hatte ich ja ebenfalls nichts am Hut gehabt. «Und trotzdem bin ich heute ein bekennender Christ.»

«So etwas kommt für mich gar nicht in Frage!» entgegnete er mit einem mitleidvollen Lächeln. Dann zog er sich auf sein Zimmer zurück, um sich dort ein wenig auszuruhen.

Die Zeit verstrich, und es kam der Zeitpunkt, wo ich mit der allabendlichen Gäste-Andacht begann. Vom Singen im Nebenraum angelockt (unsere Räume waren damals noch nicht so schalldicht wie heute), trat mein Radfahrer-Gast plötzlich in den Saal und fragte: «Darf ich auch teilnehmen?»

«Aber klar doch», sagte ich überrascht. Doch damit hatte ich nun wirklich überhaupt nicht gerechnet.

Nach der Andacht kam er mit Tränen in den Augen auf mich zu, bedankte sich für meine Worte und für all das, was er hier miterleben durfte. Und dann sagte er ganz spontan:

«So kann es einem ergehen, wenn man dir begegnet!»

«Ich glaube eher, dass *Jesus* dir begegnen möchte!» antwortete ich. Er verabschiedete sich und zog sich wieder auf sein Zimmer zurück.

Am folgenden Morgen nahm er bei uns noch das Frühstück ein, um sich dann kurz darauf zu verabschieden. Im Stillen dachte ich: «Von diesem Mann wirst du wohl nie mehr etwas hören. Das wird sein wie bei vielen anderen.» Doch dem war nicht so.

An Weihnachten erreichte mich folgender Brief: *«Lieber Lorenz, erinnerst du dich noch an den Radfahrer vom Sommer? Ich hatte bei dir im Friedheim ein unvergessliches Erlebnis. In der Zwischenzeit habe ich Jesus Christus als meinen Erretter und Erlöser angenommen und mich einer Gemeinschaft von überzeugten Christen angeschlossen. Jesus ist wirklich Sieger und lebt! Und das heute auch in meinem Herzen.»*

Als ich diesen Brief las, spürte ich ganz tief in mir die Liebe Gottes. Mir wurde neu bewusst, dass es für ihn keine Grenzen gibt. Er kümmert sich ganz persönlich um jeden einzelnen Menschen. Auch dann, wenn wir ihm am liebsten davonlaufen oder – wie in diesem Beispiel – davonfahren.

16
Schenken und beschenkt werden

Wenn wir unser Leben nach Gottes Geboten ausrichten, so verheißt er uns seinen Segen. So steht es – kurz zusammengefasst – auch in der Bibel im 3. Kapitel des Buches Maleachi. Dort ist nicht zuletzt auch vom Geld, beziehungsweise vom Geben und Nehmen, die Rede. Wer gibt, der wird auch wieder bekommen. Denn Gott bleibt uns nichts schuldig.

Als Familie leben wir bewusst nach den dort aufgezeigten Prinzipien und Regeln. Bis heute durften wir immer wieder die Erfahrung machen, dass Gott zu seinem Wort steht und dass er sehr großzügig austeilt. Und obwohl die folgenden zwei Begebenheiten zeitlich betrachtet wenig miteinander zu tun haben, zählen sie doch zu den einschneidend positiven Erfahrungen in unserem Glaubensleben:

Unsere damals fünfköpfige Familie besaß einen VW Passat Kombi. Finanziell nicht gerade auf Rosen gebettet, hatten wir beschlossen, unser Auto so lange zu fahren, bis es zusammenbrechen würde. Eines Tages besuchte uns eine befreundete Familie mit ihrem Toyota-Kleinbus. Beim

Abschied kamen wir unter anderem auch auf die Vorzüge dieses Wagens zu sprechen. Ich sagte zu meinem Freund: «Falls du den Bus eines Tages nicht mehr brauchen solltest, hätte ich Interesse daran.»

Ich wusste jedoch in dem Moment noch nicht, dass wir bald ein viertes Kind erwarten würden. Und dann wäre für uns als Familie sowieso zwingend ein größeres Auto angesagt gewesen. Zudem war ein neues Gesetz in Vorbereitung, welches verlangte, dass jeder Mitfahrer eines Autos durch einen Sicherheitsgurt gesichert werden musste. Unser alter Wagen kam dieser künftigen Gesetzesforderung natürlich nicht nach. Es musste also diesbezüglich bald mal etwas unternommen werden.

Die Zeit verstrich, und ich dachte längst nicht mehr an den achtsitzigen Bus meines Freundes. Umso erstaunter war ich, als eines Tages das Telefon klingelte und mein Freund mich fragte: «Lorenz, interessierst du dich immer noch für unseren Toyota-Bus? Wir würden ihn gerne verkaufen. Allerdings ist damit die Bedingung verbunden, dass du uns das Auto bar auf die Hand bezahlst.»

Interessanterweise rief mich mein Freund gerade jetzt an. Er konnte doch gar nicht wissen, dass wir unsere vierte Tochter erwarteten. Und aus irgendeinem unerklärlichen Grund wollte er mir auch keinen Preis nennen, sondern meinte nur: «Das Auto ist frisch aus der Werkstatt und MFK-geprüft.»[11] Dann erwähnte er Jahrgang, Kilometerstand und den genauen Autotyp: «Mache dir Gedanken, Lorenz, ob das möglicherweise ein Auto wäre für euch als Familie.»

Mir kam die ganze Sache etwas eigenartig vor. Warum wollte mein Freund nicht über den Preis sprechen? – Ich versuchte auszurechnen, wie viel wir ungefähr bezahlen konnten. Doch je länger ich die einzelnen Positionen addierte, desto mehr wurde mir klar, dass wir uns diesen Wagen nur leisten konnten, wenn wir entsprechend Schulden machten beziehungsweise einen Kredit aufnehmen würden.

So sprachen wir mit der örtlichen Bank über unser Vorhaben. Die Leute dort prüften unseren Antrag und teilten uns mit, dass ein entsprechender Kredit bewilligt wurde. Die Zusage der Bank hatten wir also in der Tasche.

Einige Tage später erhielten wir unerwarteten Besuch. Unser Freund traf mit seinem Toyota-Bus bei uns ein. Er fragte mich: «Lorenz, möchtest du eine Probefahrt machen? So kannst du herausfinden, ob dies das richtige Auto für euch ist.»

Wenige Minuten später fuhr ich mit dem Bus bereits durch unsere schöne Engadiner Landschaft und stellte dabei fest, dass dieser Wagen ganz meinen Wünschen und Bedürfnissen entsprach. Es war ein echter Traum.

«Und? Kannst du dir vorstellen, dieses Auto zu kaufen?» fragte mein Freund mich schließlich.

«Wenn wir uns finanziell einigen können, möchte ich das Auto gerne übernehmen.»

«Aber Lorenz, ich habe dir ja gesagt: Bar auf die Hand. Ich nehme an, dass es auch für dich klar ist, dass ich das, was ich sage, auch wirklich so meine. Hier ist der Kaufvertrag.»

Verunsichert betrachtete ich das Papier, denn er hatte mir noch immer keinen Preis genannt. Was sollte das Ganze bedeuten?

Als ich dann endlich den Kaufpreis las, traf mich fast der Schlag. Der Kaufpreis betrug genau einen einzigen Schweizer Franken, etwas mehr als eine Mark. Mein Freund meinte lächelnd: «Das ist der Preis, den ich mit Gott ausgemacht habe. Und daran wird nichts geändert.»

Was für eine wunderbare Führung Gottes! Wir benötigten also die finanzielle Hilfe der Bank gar nicht! Selbstverständlich willigte ich in diesen kostengünstigen Handel ein. Inzwischen darf ich sagen, dass dieser Bus schon mehrere Jahre sowohl für die Familie als auch für die Gäste gute Dienste geleistet hat.

Aufgrund dieses noblen Angebots wurde uns allmählich klar, dass wir mit dem VW Passat, den wir besaßen, in gleicher Weise verfahren wollten. Er kam ebenfalls frisch aus der Werkstatt und bestand genauso die Motorfahrzeugkontrolle. Wir wollten ihn deshalb auch für einen einzigen Franken verkaufen und baten Gott, uns den «Käufer» bald zu zeigen.

Und Gott ließ uns nicht im Stich. Über Umwege erfuhren wir von einem Ehepaar mit drei Kindern, das sich zum damaligen Zeitpunkt kein Auto leisten konnte. Die Eltern spürten die Berufung für eine soziale Arbeit auf einem abgelegenen Bauernhof. Um jedoch ganz sicher zu sein, ob dies auch wirklich der Wille Gottes für ihr Leben war, baten sie Jesus: «Wenn du ein Auto für uns hast, das wir bezahlen können, dann sehen wir uns in diese neue Tätigkeit berufen.»

Wir staunten, wie ernst Gott unser Gebet nach einem geeigneten «Käufer» genommen hatte. Große Freude erfüllte uns beim Gedanken, dass wir mit dem günstigen «Preis» von nur einem Franken dazu beitragen durften, dass sich die besagte Familie in die missionarische Tätigkeit rufen ließ.

Bezüglich der treuen Versorgung unseres Gottes durften wir kürzlich ein weiteres Erlebnis mit unserem Toyota-Bus machen. Wir wurden in eine Auffahrkollision verwickelt, und die folgenden Reparaturkosten beliefen sich auf eine beträchtliche Summe. Doch eine Woche später traf eine finanzielle Gabe bei uns ein, die den Schaden vollumfänglich deckte, obwohl der Spender von unserem Unfall gar nichts wusste. Interessanterweise stammte der Betrag von demselben Freund, der uns Jahre zuvor den Toyota-Bus für nur einen einzigen Franken «verkauft» hatte. So wirkt Gott!

17
Die Bettler in der Königstraße

Während eines Familienurlaubs im Schwarzwald äußerte meine Familie eines Tages den Wunsch, in der Stuttgarter Königstraße auf Shopping-Tour gehen zu dürfen. Da das Einkaufen jedoch nicht unbedingt mein Hobby ist, suchte ich für mich nach einer sinnvollen Alternative. Ich wusste, dass in dieser Straße sehr viele Bettler unterwegs waren, und das beschäftigte mich tief. Als ich am Morgen früh die Bibel las und betete, zeigte Gott mir auf, dass ich mich an diesem Tag dieser Bettler annehmen sollte. Ich erhielt die innere Weisung, einen relativ hohen Geldbetrag in Fünfmarkstücke umzutauschen.

Dieses Vorhaben besprach ich mit meiner Frau Andrea und wollte von ihr wissen, was sie davon hielt. «Nun, wenn Gott dir diesen Auftrag gegeben hat, dann musst du ihn auch ausführen», meinte sie. «Wir werden deswegen bestimmt nicht Mangel leiden müssen.»

So ging ich, als wir in Stuttgart ankamen, als Erstes auf eine Bank, um dort die mir von Gott gezeigte Summe umzutauschen. Die Bankangestellte fragte: «Und Sie wollen diese ganze Summe wirklich nur in Fünfmarkstücken?»

Ich bejahte, und sie begann mit dem Abzählen. Doch

noch während sie damit beschäftigt war, durchfuhr mich der Gedanke: «Genügt es wohl, wenn ich nur diesen *einen* Betrag umtausche? Vielleicht wäre es zur Sicherheit besser, doch noch einige Fünfmarkstücke mehr mitzunehmen! Man kann ja nie wissen ...»

So schob ich ihr noch eine weitere Banknote rüber und bat sie, auch diese noch umzutauschen. Dann nahm ich den ganzen schweren Münzenberg in meine Tasche und ging damit in die Königstraße. Der Auftrag Gottes an mich war folgender: «Jeder Bettler, dem du begegnest, erhält von dir fünf Mark sowie eine Kurzbiographie aus deinem Leben.»

Gehört, getan. In der Folge davon bekam ich von etlichen Bettlern dieselbe Reaktion zu hören: «Fünf Mark – das ist ja wie ein Tageslohn!» Alle waren überglücklich, dass jemand so persönlich auf sie einging.

Als der Tag vorbei war, machte ich jedoch eine interessante Erfahrung. In meiner Tasche befanden sich noch genau so viele Fünfmarkstücke, wie ich sie zusätzlich eingetauscht hatte. Hätte ich wirklich nur das getan, was Gott mir aufgetragen hatte, so wäre kein einziges Fünfmarkstück zu viel, aber auch keines zu wenig gewesen.

Dieses Erlebnis zeigte mir zwei Dinge auf: Zum einen, dass Gott auch über arme und verlassene Menschen den vollständigen Überblick hat. Er kümmert sich auch um die Ärmsten der Armen. Für Gott und seine Liebe gibt es auch hier keine Grenzen. Und zum Zweiten erkannte ich, dass es wichtig ist, genau auf das zu hören, was Gott mir sagt. Ich hätte mir das zusätzliche Wechseln von weiteren Fünfmarkstücken sparen können, wenn ich dem Gehörten entsprechend gehandelt hätte.

18
Der wertvolle Umschlag neben der Mülltonne

«Was um alles in der Welt liegt denn da?» – Ich stieg gerade aus meinem Auto aus und sah neben mir auf dem Boden einen weißen Briefumschlag, der ganz unscheinbar neben einer Mülltonne lag. Aber die ganze Sache ging mich ja eigentlich auch gar nichts an. Sollten doch diejenigen, die diesen Umschlag nicht korrekt entsorgt hatten, sich selbst darum kümmern, damit er doch noch in den dafür vorgesehenen Kübel kam! Ich bin ja schließlich nicht derjenige, der den anderen den Dreck wegräumt!

Ich lief also weiter, obwohl eine innere Stimme mir sagte: «Lorenz, heb dieses Kuvert auf!» – Aber mich interessierte diese ganze Sache im Augenblick nicht, da ich gerade Anstalten treffen wollte, meine Andrea nach Hause zu bringen. So lief ich also buchstäblich über diesen Umschlag drüber und begleitete meine Geliebte bis zur Haustür, wo ich mich von ihr verabschiedete.

Auf direktem Weg ging ich wieder zu meinem Wagen zurück und kam zum zweiten Mal bei diesem geheimnisvollen Kuvert vorbei. Und wieder war diese Stimme da: «Lorenz, hebe es auf!»

«Nein! Das ist nicht mein Job!» sagte ich zu mir selbst,

stieg ins Auto und fuhr los. Doch zirka fünfzig Meter weiter vorne kam ich zu einem Stoppschild. Ich hielt an, sah mich um und erblickte keinerlei potentielle Gefahren. Dafür hörte ich einmal mehr diese innere Stimme. Diesmal jedoch fast energisch und mit mahnendem Ton: «Du willst ein überzeugter Christ sein und hörst nicht einmal auf das, was ich dir sage? Wo ist da dein Gehorsam mir gegenüber?!»

Sofort wusste ich, dass es Gottes Stimme war, die mich auf etwas ganz Besonderes aufmerksam machen wollte. Ich legte den Rückwärtsgang ein, fuhr das kurze Straßenstück zurück bis zur besagten Mülltonne und hob dort den Umschlag auf, der daneben lag. Eher ärgerlich nahm ich ihn in meine Hand und wollte ihn zerknittern. Doch da war irgendwie ein Widerstand zu spüren. In diesem Umschlag musste noch etwas drin sein. Jetzt erwachte meine Neugier.

Ich öffnete ihn sofort. Zu meiner großen Überraschung lächelte mir ein Tausend-Franken-Schein entgegen. Ich war in diesem Augenblick völlig beschämt, dass Gott mich dreimal hatte bitten müssen, damit ich mich dazu bequemte, einen liegen gebliebenen Umschlag aufzuheben. Dabei war der Inhalt doch so wertvoll!

Für mich war in diesem Augenblick völlig klar, dass dieser Umschlag nicht mir gehörte. Jemand musste ihn verloren haben, so viel konnte ich mir zusammenreimen. Doch wer konnte das wohl sein? Ich machte mich am folgenden Tag zum nächstbesten Polizeirevier auf und meldete meinen kostbaren Fund.

Da die Mülltonne sich direkt auf der politischen Stadt- und Gemeindegrenze zwischen Zürich und Zollikon befand, musste diese Mitteilung gleich auf zwei Ämtern hinterlegt werden. Und so blieb der Geldbetrag für eine festgelegte Zeit auf dem einen Amtsposten liegen. Dennoch meldete niemand den Verlust seiner tausend Franken. Und so wurden sie mir schließlich als mein Eigentum überreicht.

Für mich kam dieser Geldsegen damals genau zur richtigen Zeit. Ich benützte diese tausend Franken dazu, um einen Teil der Kurzbibelschule zu bezahlen.

Etwas ganz Spezielles hat mich diese Geschichte mit der Tausendernote auch noch gelehrt: Manchmal muss man auch Dinge tun, die nicht unbedingt mit dem eigenen Denken und Wollen und Fühlen übereinstimmen. Gleichzeitig gilt es, auf die Stimme Gottes zu «hören» und sich für das Reden Gottes durch seinen Heiligen Geist sensibilisieren zu lassen. Wie diese Geschichte zeigt, wirkte sich mein Gehorsam doch sehr vorteilhaft aus ...

19
Hilflosigkeit am Sterbebett

An einem freien Tag stand ich morgens auf und nahm mir Zeit, Gott in der Stille zu begegnen. Da durchfuhr mich völlig überraschend der Gedanke und die Erinnerung an einen Gast, der wenige Wochen zuvor noch zur Erholung in unserem Hotel gewesen war. Er musste sich damals von einer schweren Operation erholen, und ich fragte mich an diesem Morgen: «Wie wird es wohl diesem Mann heute gehen? Fühlt er sich nun besser?»

Ich konnte meine Gedanken an diesem Morgen nicht mehr von ihm abwenden. Damals, als er bei uns zu Gast gewesen war, war zwischen ihm und mir ein tiefes Vertrauensverhältnis entstanden. Im Verlauf des Morgens wurde mir nun völlig klar, dass ich mich bei ihm melden musste. Nach mehreren Versuchen, ihn telefonisch zu erreichen, meldete sich sein Sohn. Er teilte mir mit, dass sein Vater einen Rückfall gehabt hatte und dass sein momentaner Zustand Anlass zu großer Besorgnis gebe.

Aufgrund dieser Aussagen des Sohnes war für mich klar, dass ich mich im Krankenhaus melden sollte. Auf dem dortigen Parkplatz angekommen, überkam mich plötzlich ein Gefühl der totalen Hilflosigkeit. Ich fragte mich: «Bin ich wohl der richtige Mann in so einer Notsituation? Und was soll ich ihm überhaupt sagen?»

Ich war deshalb sehr froh, dass ich, kurz vor dem Aussteigen, mit meiner Frau zusammen im Auto noch beten konnte. Sie ermutigte mich und sagte zu mir: «Wir erwarten alles von Gott. Ich werde weiter für dich beten, während du diesen Mann besuchst.»

Als ich vor der Krankenzimmertür ankam, hing dort ein Schild mit der Aufschrift: «Zutritt verboten! Besucher bitte bei der Stationsschwester melden.»

Ich suchte also erst die Schwester auf und erklärte ihr, dass ich gerne diesen kranken Mann besuchen würde. Sie erklärte mir daraufhin: «Ich werde zuerst die Frau des Mannes informieren müssen. Sie haben möglicherweise Glück, denn sie befindet sich zur Zeit gerade bei ihm. Bitte warten Sie hier einen Augenblick.»

Statt der Krankenschwester kam nun aber die Frau des Mannes mit verweinten Augen auf mich zu und fragte mich etwas vorwurfsvoll: «Warum sind Sie nicht schon früher gekommen?» Dann meinte sie: «Mein Mann hat immer wieder von Ihnen erzählt. Nun ist er jedoch schon seit Wochen nicht mehr ansprechbar. Er erkennt weder mich noch seine Kinder noch sonst irgendjemanden aus seiner Verwandtschaft. Und er spricht auch auf gar nichts mehr an.»

Hierauf öffnete sie die Zimmertür und warnte mich: «Herr Schwarz, erschrecken Sie nicht, aber Sie werden meinen Mann kaum wiedererkennen, denn er ist von seiner Krankheit schrecklich gezeichnet.»

Als ich eintrat, sah ich, dass dieser Mann vom Personal so auf sein Lager gebettet worden war, dass sein Blick in Richtung Fenster ging. Er konnte mich also vorerst gar nicht sehen. Ich ging deshalb zuerst auf einen weiteren Besucher zu und stellte mich diesem mit Namen vor. Dann wollte ich zu dem Kranken treten. Doch was nun in genau diesem Augenblick geschah, war für mich sehr ergreifend. Der Mann, der seit langer Zeit nicht mehr ansprechbar gewesen war und niemanden mehr kannte, drehte sich um, öffnete seine Augen und sprach mit klar vernehmbarer Stimme: «Grüezi, Herr Schwarz! Schön, dass Sie da sind.»

Angesichts dieser Reaktion wusste ich kaum mehr, was ich sagen sollte. Ich stand nur noch da, fasste den Patienten an seinen Händen und stammelte ein hilfloses Gebet vor mich hin.

Als ich schließlich das «Amen» aussprach, öffnete er die Augen noch einmal und sagte: «Danke für den Besuch. Schön, dass Sie da waren», worauf er wieder in seinen alten Zustand zurückfiel. Es waren die letzten Worte, die er zu seinen Lebzeiten aussprach. In der folgenden Nacht verstarb er.

Diese Begebenheit machte mir Mut, selbst sterbenden Menschen – auch wenn die Lage noch so hoffnungslos zu sein scheint – Mut und Trost weiterzugeben. Wir können wohl kaum erahnen, wie hoch der Wert einer solchen Zuwendung in den letzten Stunden für einen Menschen sein kann.

20
Musik – eine Brücke zu den Herzen

Schon als Kind hatte ich eine musikalische Ader in mir. Wenn ab und zu in unserer Nähe Blasmusiker spielten oder jemand vor seinem Haus mit dem Akkordeon musizierte, so weckte dies in mir ganz bestimmte Emotionen. Dabei stieg regelmäßig der Wunsch in mir auf, selbst musizieren zu dürfen. Doch das war schon rein aus finanziellen Gründen gar nicht möglich.

Ich besaß aber doch ein ganz besonderes Instrument, das mir immerhin schon in die Wiege gelegt worden war: meine Stimme. Einer meiner Lehrer, der sich in Musik sehr gut auskannte, entdeckte meine gesanglichen Fähigkeiten schon früh. So kam es nicht selten vor, dass er in den Schulgesang-Stunden Lieder mit Solo-Teilen einbaute, bei denen ich den Hauptpart übernehmen durfte. Für ihn war klar: «Lorenz, deine Stimme sollte man fördern.»

Kaum hatte ich meine Schulzeit beendet, holte mich derselbe Lehrer in den örtlichen Kirchenchor. Er amtierte dort als Dirigent und wollte mir bei dieser Gelegenheit auch das Notenlesen beibringen. Ein Unterfangen, das ihm jedoch nicht gelang. Denn irgendwie kapierte ich diese Notenschrift nicht in der Art, wie man das von mir erwartete. Und so blieb ich – bis zum heutigen Tag – ein musikalischer Autodidakt[12].

Auch in diesem Kirchenchor ergab sich für mich allerdings keine Möglichkeit, das Spielen eines Instruments zu erlernen. Dabei war schon in frühester Kindheit der Wunsch in mir angelegt gewesen, Alphorn spielen zu können. Und das, obwohl in unserer Ortschaft gar niemand je so ein Instrument besessen oder gespielt hatte. Ich hörte die Alphorn-Musik nur ganz selten einmal im Radio. Doch das genügte vollauf, um in mir ein tiefes Verlangen freizusetzen, dieses Instrument auch irgendwann spielen zu dürfen.

Dieser lang ersehnte Wunsch sollte aber noch bis zu meinem 45. Lebensjahr ein unerfüllter bleiben. Doch daran sollte sich etwas ändern! Ich leitete in jener Zeit gerade als Vorsitzender ein Meeting, als ich plötzlich wunderschöne Alphorn-Musik hörte, die – wie sich bald herausstellte – von einem Trio gespielt wurde. Kurzerhand ließ ich die Sitzung unterbrechen, und dann hörten wir alle mit Begeisterung diesen Klängen zu.

Irgendwie fühlte ich mich weit, weit in meine Kindheit zurückversetzt. All die Wünsche, all die Träume, die damals da waren und die ich wegen meiner vielen Arbeit immer wieder hatte zurückstellen müssen, tauchten auf einmal wieder neu und groß vor meinem inneren Auge auf. Niemand konnte in diesem Augenblick erahnen, was sich in mir abspielte.

Den richtigen Ton finden...

Ich steuerte in einer Pause auf einen der drei Alphornbläser zu und fragte ihn: «Besteht die Möglichkeit, irgendwo für kurze Zeit ein Alphorn auszuleihen?» – Er sagte mir, dass er zu Hause noch eines habe und mir dieses gerne für kurze Zeit zur Verfügung stellen würde. Das klang ja vielversprechend!

Kurz darauf holte ich mir dieses Alphorn bei ihm ab, stellte es in einem großen Saal auf und wollte sogleich damit beginnen, ein Wanderlied zu blasen. Doch schnell musste ich feststellen, dass ich weit davon entfernt war, dieses Instrument zu beherrschen, geschweige denn, ihm einen sauberen Ton zu entlocken.

Ich hatte noch andere Alphornbläser in meinem Bekanntenkreis und rief sie an. Dabei schilderte ich ihnen mein Scheitern, worauf sie mir klar machten, dass das Alphorn nur Naturtöne weitergibt und infolgedessen viele Melodien und Kompositionen gar nicht gespielt werden können.

Mir wurde sofort klar, dass ich völlig falsche Vorstellungen über dieses Instrument gehabt hatte. Sogleich wollte ich mein Vorhaben abbrechen und das Alphorn wieder seinem Besitzer zurückbringen. Dieser erklärte mir jedoch am Telefon: «Sorry, aber ich gehe gerade für zwei Wochen in den Urlaub. Du darfst das Alphorn während dieser Zeit gerne noch bei dir behalten und weiter damit üben.»

Mein Missmut gegenüber diesem Instrument fiel der aufmerksamen Dirigentin des Jodelclubs, in dem ich damals Mitglied war, sofort auf. Als erfahrene Alphornbläserin erklärte sie mir deshalb noch einmal, dass man, um schöne und runde Alphorntöne hervorbringen zu können, vorerst drei bis vier Monate Training benötige. «Dies wird auch bei dir nicht anders sein, Lorenz», meinte sie. «Und für ein harmonisches Zusammenspiel mit anderen Alphornbläsern braucht es in der Regel sogar zwei bis drei Jahre.» Ich war, ehrlich gesagt, sehr entmutigt, da mir die Zeit für so ein beharrliches Üben buchstäblich fehlte.

Rund drei Wochen nach meinen ersten Versuchen sprach mich die Dirigentin noch einmal auf meine musikalischen Fortschritte beim Alphornblasen an. Ich sagte ihr klar und deutlich: «Für mich ist dieser Fall endgültig abgeschlossen. Ich habe weder Zeit noch Lust, dieses komplizierte Instrument zu erlernen.»

«Das kommt gar nicht in Frage, Lorenz. So schnell geben wir nicht auf», erwiderte sie. «Nimm dein Alphorn, und komm einmal bei mir vorbei. Da lässt sich bestimmt etwas machen.»

«Ach was!» entgegnete ich, «ich habe schon dermaßen viele Stunden verschwendet, und dennoch werden meine Töne überhaupt nicht runder.»

Doch zum Glück gab *sie* nicht auf. Sie schaffte es tatsächlich, dass ich eines Abends zusammen mit ihr im

Freien übte. Sie forderte mich auf, einmal sämtliche Töne zu spielen, die ich bis dahin auf diesem unvergleichlichen Instrument gefunden hatte. So spielte ich ihr mein ganzes «Repertoire» vor, worauf sie erstaunt meinte: «Was hast du eigentlich? Du spielst ja mehr Töne, als viele Alphornbläser nach jahrelanger Übung hinkriegen. Alle Töne, die du spielst, sind – wie man im Fachjargon sagt – treffsicher und rund. Für mich ist völlig unvorstellbar, dass du noch nie ein Blasinstrument gespielt hast.» Und doch war es so! Das Mundstück meines ausgeliehenen Alphorns war tatsächlich das erste Instrumenten-Mundstück schlechthin, das ich bis dahin je an meine Lippen geführt hatte.

Der erste Auftritt!

Nach diesem Intermezzo war für die rührende Dirigentin eines völlig klar: «Lorenz, du bist ein besonders begabter Alphornbläser. Mein größter Wunsch wäre, wenn du gemeinsam mit meinem Mann und mir ein Alphorn-Trio bilden würdest.» Dann sagte sie: «Weißt du, wir treten in nicht ganz zwei Monaten auf, und es wäre einfach viel schöner, diesen Auftritt als Trio zu bestreiten als nur im Duett.» – Nach heutiger Erfahrung muss ich sagen, dass es in der Tat kaum etwas Schöneres gibt, als das Alphornspiel in der Trio-Formation ausüben zu dürfen.

Doch ich war noch immer nicht ganz überzeugt von meinen Begabungen. Deshalb erzählte ich ihr von meinen fehlenden Kenntnissen in Bezug auf das Notenlesen. «Aus diesem Grund dürfte es ja wohl klar sein, dass aus diesem Auftritt kaum etwas werden kann», sagte ich zu ihr.

Aber noch immer ließ sie sich nicht von ihrem Vorhaben abbringen, mich zu fördern und zu motivieren. Vielmehr nahm sie sich jetzt die Zeit, einige Alphornstücke auf Kassette zu singen. So konnte ich diese Stücke dann zu Hause auswendig lernen, einüben und anschließend mitspielen.

Durch den dauernden Zuspruch und das beharrliche Fördern von Seiten dieser Frau ermutigt, gab ich mir nun alle Mühe, doch noch einmal einen Versuch zu starten. Es lag aber noch sehr viel Arbeit und Zeitaufwand vor mir. Doch ich sah, dass es mir je länger je besser gelang, und die Freude an diesem so einzigartigen Instrument nahm von Tag zu Tag größere Dimensionen an.

Dann kam der Tag, an dem ich gemeinsam mit dem erwähnten Ehepaar auftreten sollte. Innerlich war ich furchtbar nervös, und ich zitterte am ganzen Leib. Doch der Auftritt bleibt unvergesslich. Denn es gelang uns als Trio, wunderschöne Harmonien zu spielen.

Die Freude am Alphorn steigerte sich aufgrund dieses gelungenen Auftritts, und ich begann daraufhin, alle erhältlichen Unterlagen über das Alphorn zu studieren. Und dabei machte ich eine überraschende Entdeckung: Einer der Autoren erklärte nämlich eindringlich, dass man das

Alphorn bei den Proben möglichst freihändig spielen sollte, um auf diese Weise den Lippendruck zu reduzieren.

Diesen Ratschlag befolgte ich. So kaufte ich mir ein Stativ mit einem Halterungshaken, um damit das Alphorn in die passende Höhenlage und den richtigen Winkel bringen zu können. Von jetzt an spielte ich bei meinen Proben zu Hause das Alphorn nur noch mit den Händen auf dem Rücken.

Der Erfolg stellt sich ein

So verging einige Zeit. Doch eines Tages kam in mir plötzlich folgender Gedanke auf: «Wozu müssen meine Hände eigentlich auf dem Rücken sein? Könnte ich mit ihnen – da ich sie ja nun fürs Alphorn nicht benötige – nicht gleichzeitig noch ein anderes Instrument spielen?» Als praktisch veranlagter Mann war dieser Gedanke für mich natürlich sehr nahe liegend.

Da ich im Besitz einer zwölfsaitigen Western-Gitarre bin, lag es für mich auf der Hand, diese Gitarre einmal in Kombination mit meinem Alphorn einzusetzen. Zu meiner Überraschung durfte ich feststellen, dass diese Kombination schlichtweg genial klang. So arbeitete ich an meiner Entdeckung unermüdlich weiter und kam mit der Weiterentwicklung zur Erkenntnis, dass man auf dem Alphorn noch ganz andere Melodien spielen kann als nur all die traditionellen Titel, die mir bis dahin bekannt waren.

Alphorn und Twelve-String-Guitar, das wurde nun in der Zusammenführung fast so etwas wie mein «Markenzeichen». Speziell die alten Gospel-Stücke hatten es mir dabei angetan. Zu ihnen gehörten *Go tell it on the mountain*, aber auch *By the rivers of Babylon* oder *Amazing grace*. Diese und noch viele andere Melodien eröffneten mir bei den Auftritten im In- und Ausland ganz neue Möglichkeiten. Sie wurden für mich zu Brücken, über die ich zu den Herzen meiner Zuhörer gelangen durfte.

Die vorher praktisch unbekannte Kombination «Alphorn und Gitarre» ist wie ein Geheimnis, das mir auch heute noch die Türen bei Jung und Alt öffnet. Ich darf dabei erleben, dass die Begeisterung bei kleinen Gruppen von zehn bis zwanzig Zuhörern genauso groß ist, wie wenn ich vor drei- oder viertausend Menschen auftrete.

Mit der Zeit wurde ich vermehrt eingeladen, meine musikalischen Talente und meine «Entdeckung» an den verschiedensten Orten einzusetzen. Auch vor einem Auftritt im Schweizer Fernsehen blieb ich nicht verschont, da man auch dort zur Erkenntnis gelangte, dass diese Instrumenten-Kombination auf unserem Planeten ziemlich einmalig ist. Ich spürte jedoch deutlich, dass hinter meinem Spielen immer mehr steckte als nur eine Begabung. Es war ganz offensichtlich und spürbar der Segen Gottes, der mein Spiel begleitete.

In mir setzte sich deshalb je länger je mehr eine Frage fest: «Sollte ich mich wirklich nur mit all den Komplimenten und den zahlreichen Auftritts-Anfragen zufrieden geben? Und überhaupt: Wenn dieser Segen von Gott kommt, dann hat der Vater im Himmel ja vielleicht noch ganz andere Pläne mit mir! Wie geht das jetzt wohl weiter?»

Ich beschloss, diese Fragen, die mich in meinem Innersten beschäftigten, während einer einwöchigen Gebets- und Fastenzeit in der Stille zu klären. Dabei war mir wichtig, nicht in erster Linie die Meinungen anderer Menschen einzuholen, sondern bewusst auf das zu hören, was Gott mir zu sagen hatte.

Und er sprach tatsächlich zu mir! Es geschah zwar in einer etwas anderen Weise, als ich es bis dahin gewohnt war. Doch es war unverkennbar das Reden Gottes, das ich vernehmen durfte.

«Haben Sie diese Schrift verfasst?»

Bis zum dritten Tag meiner Gebets- und Fastenzeit «hörte» ich nichts Besonderes. Am vierten Tag ging ich dann in aller Frühe in den nahe gelegenen Wald und las dort in der Frische des Morgens in meiner Bibel. Aber noch immer erhielt ich keine Antwort. Auch im darauf folgenden anhaltenden Gebet gab es keine Klarheit für mich. Ich fühlte mich wie in einem luftleeren Raum. Oder anders gesagt: Wie bestellt und nicht abgeholt.

So ging ich wieder in mein Zimmer zurück und bat Gott: «Herr, gib mir bitte eine Antwort auf meine ungeklärten Fragen. Am besten lieber noch heute als erst morgen. Du weißt doch, dass ich dringend eine Antwort brauche!»

An diesem Tag kam plötzlich jemand auf eine glorreiche Idee: «Wir könnten heute doch eine Bergwanderung ins herrliche Berner Oberland unternehmen.»

Mit Freuden schloss ich mich dieser Wandergruppe an. Unser Ausflugsort war der Oeschinensee, oberhalb von Kandersteg. Natürlich war für mich klar, dass ich das Alphorn mitnahm.

Kaum oben angekommen, suchte ich mir einen schönen Platz und begann zu spielen. Die ersten Töne waren kaum verklungen, als bereits ein Mann mit Filmkamera neben mir stand und darum bat, Aufnahmen von mir und dem Instrument machen zu dürfen.

Als ich mein Stück beendet hatte, fragte ich ihn, ob ich ihm noch eine kleine christliche Schrift zum Lesen mitgeben dürfe. Worauf er mich fragte: «Haben Sie diese verfasst?»

«Nein», sagte ich, «aber ich denke genau gleich wie der Autor.»

Kurze Zeit später suchte ich mir einen neuen Platz aus, auf dem ich das Echo der Berge noch besser ausnützen konnte. Auch hier dauerte es nicht lange, bis die ersten

Zuhörer neben mir standen. Zuerst waren es zwei junge Teenager, die mich fotografierten. Für mich war es erstaunlich, dass Burschen in diesem Alter überhaupt Freude an so einer urtümlichen Volksmusik hatten. So sprach ich auch sie an und fragte, ob ich ihnen eine Schrift mitgeben dürfe. Sie nahmen dankbar an und fragten: «Haben Sie diese verfasst?»

Und wiederum sagte ich: «Nein, aber ich denke genau gleich wie der Autor.»

Der Tag ging zur Neige. Auf dem Weg nach Hause hinunter ins Tal kam ich an dem Wald vorbei, wo ich am Morgen in der Bibel gelesen und gebetet hatte. Jetzt saß dort auf einer Bank eine Frau und meinte: «Ach, wie schön! Jetzt gibt es sogar noch Musik!»

Spontan nahm ich mein Alphorn von der Schulter und erfüllte ihr ihren Wunsch. Dann setzte ich mich neben sie auf die Bank, und wir sprachen noch sehr ausgiebig miteinander über Gott und die Welt. Sie erzählte mir von vielen Nöten aus ihrem Leben, die sie – wie sie mir sagte – zuvor noch mit niemandem hatte besprechen können. Und ich wiederum erzählte ihr aus meinem Leben und somit auch davon, wie sich meine persönliche Beziehung zu Gott entwickelt und wie er mir meine musikalische Begabung geschenkt hat.

Danach gab ich ihr noch eine kleine Schrift zum Lesen mit auf den Heimweg. Und einmal mehr kam die gleiche Frage: «Haben Sie diese verfasst?»

Und wieder musste ich sagen: «Nein, aber ich denke genau gleich wie der Autor.»

Ich nahm mein Alphorn auf die Schulter und verabschiedete mich von der Frau. Dann ging ich mit der großen Erkenntnis, die ich an diesem Tag gewonnen hatte, nach Hause zurück. Für mich war eindeutig, dass Gott durch die drei gleichen Fragen dieser verschiedenen Leute liebevoll zu mir gesprochen hatte. Und ich wusste nun auch, was zu tun war.

Bereits am nächsten Tag ging ich nach Frutigen zur Organisation MSD (Medien Schriften Dienste), einer christlichen Missionsarbeit, und erzählte den Verantwortlichen dort von meinem Vorhaben. Sie waren sofort bereit, für mich die nun anfallenden Druckerei-Arbeiten auszuführen. So machte ich mich in den folgenden Tagen und Wochen an die Arbeit und verfasste meine erste eigene Verteilschrift[13].

Während jener Wochen, in denen ich parallel zu meinen sonstigen Tätigkeiten an der geplanten Schrift arbeitete, traf eines Tages ein besonderer Gast bei uns ein: Es war der bekannte Wildmaler Marcel Moser aus dem Berner Jura. Er machte schließlich den Vorschlag, die Titelseite meiner Verteilschrift zu gestalten. Da ich seine malerischen Qualitäten und Begabungen kannte und von ihnen begeistert war, sagte ich sofort zu. Und so kam es, dass sein filigranes, detailgetreues Gemälde das Deckblatt meines Traktats ziert.

Wenige Tage nachdem die Schrift aus der Druckerei bei mir eingetroffen war, hatte ich in Deutschland einen Auftritt, bei dem ich vor rund 3'500 Leuten auf dem Alphorn spielte. Ich erwähnte, noch als ich auf der Bühne stand, ganz nebenbei meine Verteilschrift und staunte hinterher nicht schlecht, als die Anwesenden bei mir persönlich über dreitausend Exemplare abholten!

Bei all diesen Begebenheiten rund um das Thema Musik wurde mir eines besonders wichtig: Gott ist der Geber einer jeden Gabe. Es ist deshalb ein ganz besonderes Vorrecht, ihm mit dem, was er uns geschenkt hat, auch wieder dienen zu dürfen. Es ist wie ein Kreislauf der Liebe. Die Begabungen der einzelnen Menschen mögen ja bestimmt ganz unterschiedlich ausfallen. Eines ist aber auf alle Fälle von zentraler Bedeutung, nämlich dass wir Gott mit den Gaben dienen, die wir empfangen haben (nach 1. Petrusbrief, Kapitel 4, Vers 10).

21 Gott persönlich kennen lernen?

Ich habe in diesem Buch möglichst offen über das geschrieben, was mich und mein Leben prägte. Dabei versuchte ich auch, auf natürliche und ungezwungene Weise über Gott und meine Welt zu schreiben. Möglicherweise ist dem einen oder anderen Leser dabei aufgefallen, dass sich mein Glaubensleben durchaus nicht nur auf den sonntäglichen Kirchen-Besuch beschränkt. Mein Anliegen ist es vielmehr, dass wir als Christen auch im Alltag zu unserer Überzeugung und zu all dem stehen, was Gott für uns getan hat.

Vielleicht hat der eine oder andere Leser aber auch bemerkt, dass ich immer wieder darüber geschrieben habe, dass man zu Gott eine lebendige Beziehung pflegen kann. Und es könnte ja durchaus sein, dass für einige Leserinnen und Leser bis zu diesen Zeilen hin noch immer nicht ganz klar ist, wie so etwas überhaupt funktioniert und was ich damit genau meine. Ich möchte deshalb auf den folgenden Buchseiten noch etwas näher darauf eingehen.

Im Grunde genommen ist es vielleicht sogar eine ganz einfache Sache. Man kann eine lebendige Beziehung zu Gott mit einer Ehe vergleichen. Eine Beziehung zwischen

Mann und Frau ist bekanntlich dann gut, wenn sie harmonisch ist und beide Partner aufeinander eingehen und Schönes und Schweres miteinander teilen können. Bei Gott ist es genauso. Er möchte eine Beziehung zu uns Menschen aufbauen, bei der die gegenseitige Harmonie eine zentrale Rolle spielt. Konkret: Er will nicht, dass wir nur in Form von vorgegebenen Gebeten mit ihm sprechen, uns also quasi nur «liturgisch» an ihn wenden. Seine Absicht liegt vielmehr darin, mit uns einen gemeinschaftlichen Kontakt herzustellen, dank dem wir ihm gegenüber unsere Herzen öffnen können. Es soll dabei aber nicht nur darum gehen, dass *wir* zu ihm reden (beten), sondern auch darum, dass *er* zu uns sprechen kann und wir ihn und seine Art des Redens hören können.

Es gibt zwei Möglichkeiten, wie wir Gottes Stimme wahrnehmen können. Da ist zum einen der Heilige Geist; neben dem Vater und dem Sohn die dritte Person, durch die Gott sich uns Menschen offenbart hat. Der Heilige Geist ist weitaus mehr als nur unser (schlechtes) Gewissen. Gemäß der Bibel «führt er uns in alle Wahrheit». Wenn wir zum Beispiel die Bibel lesen und dieses Buch für uns im ersten Moment aus fast nur unverständlichen oder unergründlichen Aussagen besteht, so ist es der Heilige Geist, der uns das Verständnis dafür schenkt, was Gott mit den einzelnen Sätzen und Worten genau aussagen will.

Die Bibel zu lesen ohne den Heiligen Geist, tja, das ist

wie Alphorn spielen zu wollen, ohne genügend Atem zu haben. Ja, der Heilige Geist ist wie der Atem Gottes. Wir benötigen ihn unbedingt, wenn wir unser Leben wirklich aus der Gemeinschaft mit Gott heraus führen wollen.

Wer sich bereits als Christ bezeichnet, aber vielleicht nicht ganz sicher ist, ob sein Leben wirklich ein vom Heiligen Geist bestimmtes Leben ist, der darf gerne folgende Zusage aus der Bibel für sich in Anspruch nehmen: Der Vater im Himmel wird «denen seinen Heiligen Geist geben, die ihn darum bitten» (Lukas-Evangelium, Kapitel 11, Vers 13).

Um Gottes Stimme wahrnehmen zu können, braucht es aber noch eine zweite und wichtigere Ebene: Wir müssen uns mit Gottes Wort, der Bibel, beschäftigen. Wir müssen (nein: wir dürfen!) sie lesen und auf uns und in uns wirken lassen. Durch die Bibel zeigt Gott uns klar und unmissverständlich auf, welches seine Pläne mit uns Menschen sind. Die Bibel beschreibt, wie Gott war, wie er ist und wie er immer sein wird. Die Worte der Bibel sind wie Nahrung für die Seele des Menschen. Ohne dieses Buch könnten wir unmöglich wissen, welches der Plan und der Wille Gottes für unser Leben ist. Und ohne dieses Buch können wir seinen Willen auch niemals ausführen.

Die Bibel ist das Buch, das uns den Heilsweg aufzeigt. Da ist einerseits von Sünde und von Zielverfehlung die Rede, andererseits aber auch davon, dass der liebende himmlische Vater es zuließ, dass sein einziger Sohn, Jesus

Christus, für unsere Sünden an ein Kreuz geschlagen wurde.

Die Bibel offenbart uns, dass es für den Menschen nur einen einzigen Weg gibt, um wirklichen inneren Frieden erhalten zu können. Und dieser einzige Weg ist Jesus Christus, der am Kreuz Gestorbene und später von den Toten Auferstandene, der gesagt hat: «Ich bin der Weg und die Wahrheit und das Leben; niemand kommt zum Vater denn durch mich» (Johannes-Evangelium, Kapitel 14, Vers 6). An einer anderen Stelle heißt es: «Nur Jesus kann den Menschen Rettung bringen. Nichts und niemand sonst auf der ganzen Welt rettet sie» (Apostelgeschichte, Kapitel 4,Vers 12).

Warum gerade das Christentum?

Ich möchte an dieser Stelle noch kurz erklären, warum ich so fest von der Wahrheit des christlichen Glaubens überzeugt bin. Immer wieder gibt es auch Leute, die zu mir sagen: «Aber Lorenz, wie kannst du die Sache mit Jesus als die einzig richtige proklamieren? Möglicherweise waren Mohammed, Buddha und die anderen Religionsstifter mindestens ebenso gute Menschen wie dieser Jesus. Und überhaupt: Man kann doch gar nicht mit letzter Genauigkeit wissen, welches jetzt wirklich der absolut richtige Weg ist. So eine Aussage ist doch in sich eine völlige Vermessenheit!»

Ich höre solche und ähnliche Argumente regelmäßig. Und dennoch bin ich zutiefst davon überzeugt, dass nur Jesus Christus allein die richtige Antwort für uns Menschen geben und verkörpern kann. Was mich nämlich beim Christentum im Vergleich zu anderen Religionen am meisten überzeugt, ist Folgendes: Bei allen anderen Religionen muss der Mensch sich aus seinen eigenen Kräften und seinen eigenen Ressourcen heraus bemühen, sich den Himmel, das Nirvana oder die ewigen Jagdgründe zu erarbeiten und zu verdienen. Gnade aber, so wie sie in der Bibel der Christen beschrieben ist, gibt es in allen anderen Religionen keine – es sei denn, dass man sich diese Gnade zuerst teuer zu «erkaufen» oder «abzuverdienen» versucht (zum Beispiel als Fakir auf dem Nagelbrett oder durch den Besuch esoterischer Kurse im New Age). Doch Gnade, die erkauft oder verdient werden muss, ist gar keine Gnade.

Was mich nun beim christlichen Glauben und seiner Botschaft fasziniert, ist die Tatsache, dass Gott selbst uns gnädig entgegenkommt. In allen anderen Glaubensrichtungen muss das Heil teuer von unten her verdient werden. Der biblische Gott jedoch beschenkt uns aus dem Himmel! Und zwar dadurch, dass er seinen einzigen und unschuldigen Sohn, Jesus, stellvertretend für all unsere Sünden und Fehler an einem Kreuz sterben ließ.

In allen anderen Religionen muss der Mensch ein

Opfer bringen. Der christliche Glaube aber ist die einzige Religion, in der ein Gott aus lauter Liebe ein Opfer für uns Menschen gebracht hat: Jesus. Was ist das doch für ein enormer Liebesbeweis!

Aus diesem Grund glaube ich, dass Jesus Christus das einzig richtige Fundament ist, auf dem wirklich sinnvoll aufgebaut werden kann. So sagt es auch die Bibel: «Das Fundament, das bei euch gelegt wurde, ist Jesus Christus. Niemand kann ein anderes oder gar besseres Fundament legen» (1. Korintherbrief, Kapitel 3, Vers 11).

Jesus stellte seine Gottheit schon während seines Lebens auf unserer Erde unter Beweis. Dabei fällt generell eines ganz besonders auf: Es wollten schon viele Menschen Götter sein. Aber nur *ein* Gott wollte Mensch werden! Und das ist der in der Bibel geoffenbarte Gott, der sich in und durch Jesus Christus als das zeigte, was er in Wirklichkeit ist: ein Gott, der uns Menschen aus tiefstem Herzen liebt und der sich nach nichts anderem mehr sehnt als nach der tiefen Gemeinschaft mit uns! «Denn Gott hat die Menschen so sehr geliebt, daß er seinen einzigen Sohn für sie hergab. Jeder, der an ihn glaubt, wird nicht verlorengehen, sondern das ewige Leben haben» (Johannes-Evangelium, Kapitel 3, Vers 16).

Das treibende Element der Liebe Gottes zu uns Menschen ist sein Wunsch, mit uns Gemeinschaft zu haben. Ja, jener persönliche Kontakt, der damals im Garten Eden zwischen Adam, Eva und dem Schöpfer noch bestand, soll durch Jesus Christus wiederhergestellt werden! Das ist Gottes Absicht mit mir, mit Ihnen, mit uns allen.

Gott kann erlebt werden!

Um nun mit diesem liebenden himmlischen Vater wieder in Kontakt treten zu können, müssen wir Ja sagen zu seinem Erlösungsplan, den er uns in und durch Jesus Christus gezeigt und offenbart hat. Das schließt mit ein, dass wir unsere Fehler und unsere Sünden vor ihm eingestehen und glauben, dass Jesus stellvertretend dafür am Kreuz auf Golgatha gelitten hat. Es ist genau so, wie die Bibel es sagt: «... er erlitt die Schmerzen, die wir hätten ertragen müssen. Wir aber dachten, diese Leiden seien Gottes gerechte Strafe für ihn. Wir glaubten, daß Gott ihn schlug und leiden ließ, weil er es verdient hatte. Doch er wurde blutig geschlagen, weil *wir* Gott die Treue gebrochen hatten; wegen *unserer* Sünde wurde er durchbohrt» (Jesaja-Buch, Kapitel 53, Verse 4–5).

Wenn wir vor Gott eingestehen, dass wir Sünder sind und nur durch Jesus Christus und durch seine Gnade gerettet werden können, so folgt der nächste Schritt: Wir dürfen nun im Glauben an die Tatsache, dass Gottes Zusage wahr und erfahrbar ist, mit dankbarem Herzen Jesus Christus in unser Leben aufnehmen. Denn wenn wir das tun, so werden wir zu Kindern Gottes, und er selbst wird unser Vater sein: «Die ihn aber aufnahmen und an ihn glaubten», so lehrt die Bibel, «denen gab er das Recht, Kinder Gottes zu sein» (Johannes-Evangelium, Kapitel 1, Vers 12).

Wissen Sie, was mich immer wieder ganz besonders fasziniert und freut? Es ist die Tatsache, dass ich in jedem Land, in das ich bisher gereist bin, immer wieder Menschen getroffen habe, die genau diese Wahrheit erfasst und begriffen haben. Es sind Christen aus den verschiedensten Kirchen und Denominationen. Menschen mit den unterschiedlichsten Hautfarben und Hintergründen. Und es gibt sie millionenweise! Alle können sie das bestätigen, was ich hier zu Papier bringe. Denn sie alle haben Jesus Christus persönlich als den kennen gelernt, der er ist: als den einzig wahrhaftigen Erlöser, der nicht nur für uns gestorben, sondern vielmehr auch wieder von den Toten auferstanden ist und als Retter und Heiland in unseren Herzen lebt und in unserem Leben wirkt!

Ganz zum Schluss dieses Buches möchte ich eine sehr persönliche Frage an Sie richten: Möchten Sie diesen Gott, der mein Leben so wunderbar verändert und mit Sinn und Perspektive erfüllt hat, ebenfalls persönlich kennen lernen?

Wenn Sie diese Frage von Herzen mit einem aufrichtigen Ja beantworten wollen, so dürfen Sie sehr gerne das folgende Gebet sprechen (dem später bestimmt noch unzählige weitere Gebete folgen werden; Gebete, die Sie mit Ihren eigenen Worten und in Ihrem eigenen Herzen formulieren und voller Glauben und Zuversicht an ihn richten werden!):

Lieber Vater im Himmel, mir ist klar geworden: Ich bin ein Sünder. Ich glaube, dass Jesus für meine Sünden starb. Deshalb bin ich jetzt davon überzeugt, dass er mein Erlöser ist, denn ich verlasse mich darauf, dass er mir alle meine Sünden vergibt, mein Herz neu macht und mir das ewige Leben schenkt.

Ich bin jetzt an dem Punkt angelangt, an dem ich mein Leben ganz dir übergeben möchte – mit allen Konsequenzen.

Bitte leite du mich von nun an durch deinen Heiligen Geist. Ich danke dir für deine Liebe. Ich danke dir dafür, dass ich jetzt dein Kind sein darf.

Im Namen von Jesus Christus bitte ich dich um deine Führung und Gnade. Und ich danke dir, dass du dich von mir hast finden lassen!

Amen.

Wort-Erklärungen

1 Die Walser sind ein Bergnomadenvolk, das – ursprünglich vom Wallis ausgehend – vor rund tausend Jahren höher gelegene Bergregionen in den Alpen urbar machte. Noch heute sind in zahlreichen Gebieten der Kantone Graubünden, Wallis, Tessin und St. Gallen sowie in Teilen Norditaliens, im Vorarlbergischen und bis hinaus nach Deutschland (zum Beispiel im kleinen und großen Walsertal) starke kulturelle und bauliche Einflüsse wahrzunehmen. Ein spezielles Merkmal der Walser, das bis heute erhalten geblieben ist, sind die zum Teil recht eigentümlichen Dialekte, die sich trotz großer geografischer Distanzen immer noch in sehr vielen Punkten gleichen.

2 Zeile aus dem bekannten volkstümlichen Lied «Heidi» von Gitti und Erika, dem deutschen Geschwister-Duo.

3 Abendbrot, Nachtessen.

4 Die politische Gemeinde heißt zwar Obersaxen. Doch es gibt keine eigentliche Ortschaft, die sich so nennt, da die ganze Gemeinde aus rund zwanzig kleineren Weilern besteht. Einer dieser Weiler ist Affeier.

5 In anderen deutschen Sprachregionen auch *Budler, Buttler, Fassbinder, Fässler, Kimmer, Kübler* oder *Schäffler* genannt. Ein handwerklicher Beruf. Der Küfer stellt Holzgefäße her.

6 Chur ist die Hauptstadt des Kantons Graubünden, dem mit seinen 150 Tälern flächenmäßig größten Gliedstaat der Schweizerischen Eidgenossenschaft.

7 «Ganz de Bappe» («Ganz der Vater»), nach einem bekannten Volksmusiktitel des Trio Eugster.

8 Im Vergleich zu anderen Ländern ist es in der Schweiz üblich, das Armee-Sturmgewehr zu Hause aufzubewahren.

9 Es handelte sich um das Flugblatt «... und dann?», Herausgeber: MSD (Medien Schriften Dienste), CH-3714 Frutigen.

10 Dreißig Rappen entsprechen dem ungefähren Gegenwert von 35 Pfennig bzw. von zirka drei Schilling (Stand von 2001).

11 MFK = Motorfahrzeugkontrolle (in Deutschland: TÜV, Technischer Überwachungs-Verein).

12 «Selbstgelehrter». Einer, der sich ein bestimmtes Wissen ausschließlich durch Selbstunterricht aneignet oder angeeignet hat.

13 Die Verteilschrift *Der Alphornbläser* kann kostenlos bezogen werden bei: MSD (Medien Schriften Dienste), CH-3714 Frutigen.

Auf der Suche nach dem richtigen Ton…

Meine Frau Andrea

Unsere Töchter Debora (geb. 1982) und Tabitha (geb. 1983)

Unsere Tochter Mirjam (geb. 1986)

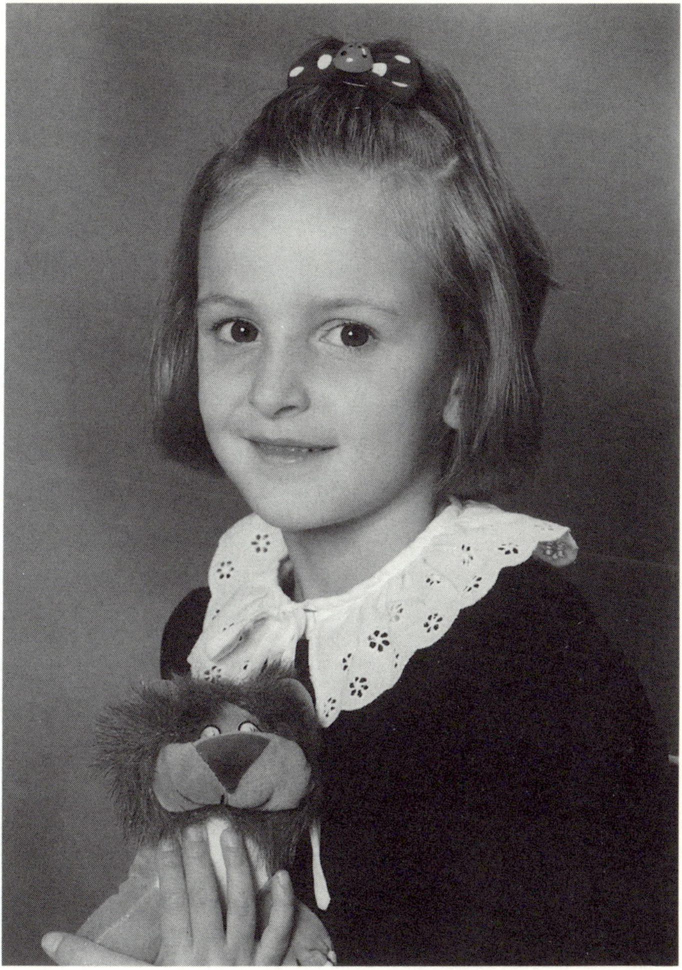

Unsere Tochter Rahel (geb. 1995)

Das Gemälde des Wildmalers Marcel Moser,
das als Cover für meine Verteilschrift diente

Musikalischer Beitrag auf einer Hochzeit

Alphorn-Trio «Laresch»

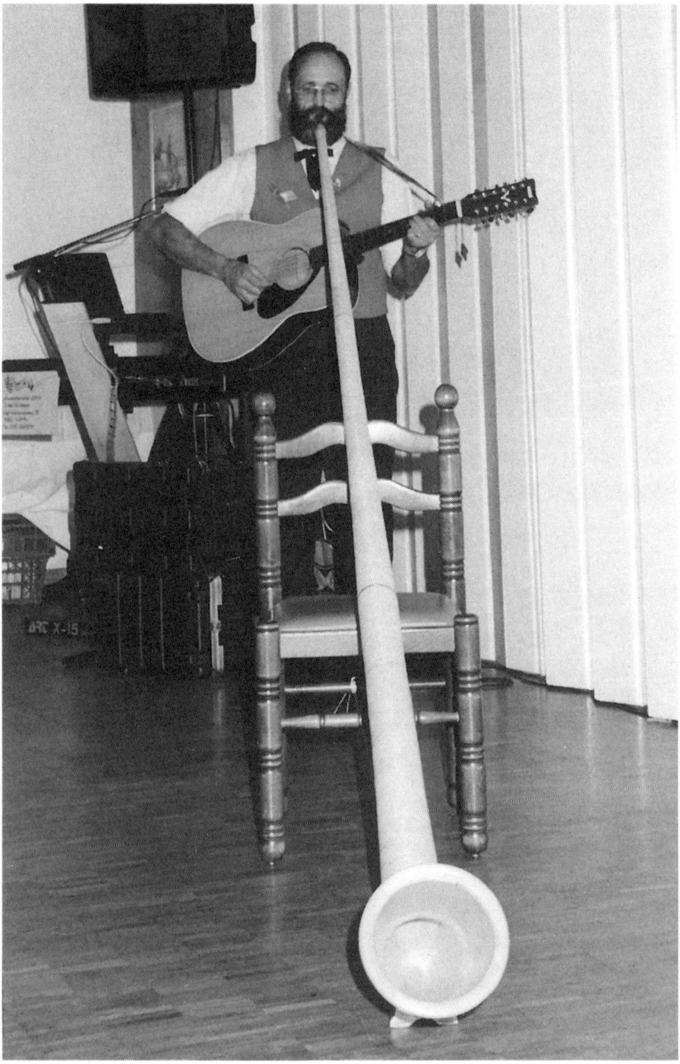

Die einmalige Instrumenten-Kombination:
Alphorn und zwölfsaitige Western-Gitarre